ALL ABOUT HISTORY

萤火虫

VICTORIANS

缔造日不落帝国：
英国维多利亚时代
1837-1901

[英] 凯瑟琳·马什 编著　曹明玉 译

中国画报出版社·北京

图书在版编目（CIP）数据

缔造日不落帝国：英国维多利亚时代 / （英）凯瑟
琳·马什编著；曹明玉译. -- 北京：中国画报出版社，
2024.3
（萤火虫书系）
书名原文：Book of Victorians
ISBN 978-7-5146-2305-5

Ⅰ. ①缔… Ⅱ. ①凯… ②曹… Ⅲ. ①英国—近代史
Ⅳ. ①K561.43

中国国家版本馆CIP数据核字(2023)第249186号

FUTURE

北京市版权局著作权合同登记号：01-2023-5824

缔造日不落帝国：英国维多利亚时代

[英] 凯瑟琳·马什 编著　　曹明玉 译

出 版 人：方允仲
审　　校：崔学森
责任编辑：李　媛
内文排版：郭廷欢
责任印制：焦　洋

出版发行：中国画报出版社
地　　址：中国北京市海淀区车公庄西路33号　邮　　编：100048
发 行 部：010-88417418　010-68414683（传真）
总编室兼传真：010-88417359　版权部：010-88417359

开　　本：16开（787mm×1092mm）
印　　张：14.5
字　　数：250千字
版　　次：2024年3月第1版　2024年3月第1次印刷
印　　刷：北京汇瑞嘉合文化发展有限公司
书　　号：ISBN 978-7-5146-2305-5
定　　价：75.00元

欢迎重游
维多利亚时代
（1837—1901）

在维多利亚统治时代，英国经历了一场重要的变革，其影响延及世界各地。在工业革命的推动下，英国的商业贸易和工业迅猛发展，对外扩张的诉求随之而来。此时的大英帝国正值巅峰时期，世界四分之一土地为其所有，人们视这位英国女王为自己的君主，那些在工厂和船坞中辛苦劳作的人尤为如此。1901年，维多利亚在病榻弥留之际，仍追忆着大英这个日不落帝国的荣光。从维多利亚时代底层民众的窘迫境遇到重要人物的多彩生涯，从君主乏味单调的私人生活到伦敦警察光怪陆离的职业经历，本书将带你步入19世纪的英国。本书通过生动的文字叙述、栩栩如生的画像和插图，探讨维多利亚时代的故事，揭开英伦海岛一步步掌控世界权力的秘密。

目 录

追随维多利亚女王及其近臣的脚步,
了解英国本土及其殖民地的历史

帝国扩张

遗产

——*1837—1901*——

维多利亚帝国

统治者如何将一个英伦小岛发展成庞大的日不落帝国

时间定格在1901年1月22日，其时大英帝国已经成为当时最庞大的帝国，但是，统治这个帝国的君主却无法再见旭日东升了。在怀特岛（the Isle of Wight）的奥斯本庄园（Osborne House），维多利亚女王身卧病榻，一息尚存，她回顾了自己63年的执政生涯。她亲眼见证了大英帝国的成长，目睹了英国从一个被广袤平原和天堑海洋分隔的独立小岛发展成为一个闻名世界的帝国的历程。大英帝国的影响力远及印度，它从印度掠夺财富，让英属印度成为维多利亚皇冠上的耀眼明珠。英国的非洲之路充满了无情的杀伐，背后的代价是成千上万英国士兵的身家性命，以及试图阻止英国扩张的那些非洲土著的森森白骨。英国对外扩张的动力源自基督教信仰，同时也有对殖民地资源的贪婪野心。维多

利亚逝去后，呈现在她身后的，是一个已经被她亲手缔造的帝国改变了的世界。

在小公主维多利亚登上威斯敏斯特教堂（Westminster Abbey）的台阶，举行加冕仪式的那一天，几乎没有人能够想到，她最终统治的将是一个多么强大的国家。那段时期，英国的民众对君主制已经丧失了热情；维多利亚的祖父，也就是疯王乔治三世（George III），无法保护英国人在美洲的利益；维多利亚的伯父乔治四世（George IV）与王妃的关系势同水火，生活奢靡无度，这些都让君主制的荣耀蒙尘，极大地损害了君主制国家在民众中的光辉形象。当时年仅18岁、身高不足150厘米的维多利亚，看起来完全不像一个怀有雄心壮志、能够带领自17世纪起就走上扩张道路的帝国不断前进的合适人

人物简介
维多利亚女王
1819—1901

从 1837 年 6 月 20 日始，到
1901 年 1 月 22 日去世，维多
利亚一直是英国的君主。在英
国历史上，她在位时间无人能
出其右，直到 2015 年才被伊
丽莎白二世超越。维多利亚女
王执政期间，英国实现了工业
革命，经济蓬勃发展，最重要
的是，大英帝国领土空前扩张。

世界上强盛一时的帝国

截至1901年，大不列颠的统治疆域有多辽阔？

埃及

由于深陷经济衰退窘境，埃及将自己苏伊士运河的一半股份卖给了英国。这最终引发了一场叛乱，以及1882年的英埃战争。英国最后取得战争的胜利，将埃及置于自己的统治之下。埃及提供了一条英国与印度之间的重要贸易航线，从此英国无须再绕行充满危险的漫长非洲航线。

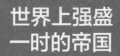

关于本杰明·迪斯雷利（Benjamin Disraeli）或许你不知道的五件事：

1. 迪斯雷利的父母为意大利犹太人，他是第一位具有犹太血统的英国首相，不过他接受的是基督徒的洗礼。

2. 迪斯雷利早期从事过多种商业活动，但均告失败，这让他债台高筑，导致他精神崩溃，经过多年时间他才恢复过来。

3. 迪斯雷利第一次在议会发表演讲时曾被人嘲笑。后来他宣告，"你们要听我讲话的时代即将来临"。

4. 众人皆知迪斯雷利是一个喜欢奉承的人，一位同僚问他如何处理与维多利亚女王之间的关系，他回答说："记住，没有哪个女人不喜欢被赞美。"

5. 迪斯雷利推行了许多让穷苦百姓受益的法律，例如1875年的《工匠住宅法案》（Artisans Dwelling Act），该法案为工匠提供了住房，同一年他又推出《公共卫生法案》（Public Health Act）。

加拿大

1763年，英国经过七年战争（the Seven Year's War）也即著名的法国印第安战争后，从法国手中获得了加拿大。除了为大英帝国增添了大片土地外，加拿大还是一个资源丰富、人口稀少的国家，能够为大英帝国提供丰富的木材、矿石和毛皮贸易。

南非

19世纪早期，英国控制了好望角，并在当地建立殖民地。当时统治南非的荷兰殖民者认为，英国的这些行为挑战了自身的利益，于是两个强国爆发了一系列军事冲突即布尔战争（the Boer War）。经此战争，布尔人屈服于英国的统治。南非成为英国前往印度的中继站，同时南非也是富产黄金和钻石之地。

选。然而，这位其貌不扬但声如银铃的碧眼女性，却有着钢铁一般顽强的意志。维多利亚登临宝座执掌王权，并不是英国的发展步入日暮和尾声，而是开启了一个全新帝国的序章，她将建立一个无可匹敌的强盛王国。

维多利亚继位之时，全世界都处在变革之中。在英格兰，散落的小村庄日益萎缩、荒废殆尽，城镇不断扩张发展成大都市。混凝土烟囱拔地而起，直插云霄，机器的轰鸣声响彻全国——蒸汽时代已经到来。工业革命把英国从一个古色古香的海洋国家，变成了一个制造业大国。铁路系统和蒸汽船缩短了英国海外领地与宗主国之间的距离，一直以来难以企及的商贸机遇纷至沓来。

澳大利亚

18世纪晚期，詹姆斯·库克上尉（Captain James Cook）登上大洋洲大陆，英国军队正式介入澳大利亚。欧洲人带去了各种疾病，伴随着土地的丧失，当地的澳大利亚原住民数量骤减。这里成为罪犯流放之地，成千上万的英国罪犯被运到澳大利亚服刑。1851年，当地发现金矿，移民们蜂拥而至，到这里的海滩寻找财富，其中就有许多英国人。

印度

印度主要被东印度公司控制，1858年《印度政府组织法》（Government of India Act）颁布后，印度成为英国的一部分。作为大英帝国重要的"王冠上的明珠"，印度是最有价值的殖民地，香料、珠宝和纺织品都是利润丰厚的贸易商品。印度最重要的财富是人力资源，印度丰富的人口资源为英国军力做出了巨大的贡献。

帝国征服年表

维多利亚治下的英国如何成为彼时世界上最大的帝国

- 1838年，皮特凯恩群岛（Pitcairn Islands）
- 1848年，印度
- 1853年，停战阿曼 [Trucial Oman，即特立尼达和多巴哥（Trinidad and Tobago）]
- 1857年，亚丁 [Aden，也门（Yemen）]
- 1862年，英属洪都拉斯 [British Honduras，即伯利兹（Belize）]
- 1868年，贝专纳兰 [Bechuanaland，即博茨瓦纳（Botswana）]
- 1874年，斐济（Fiji）
- 1878年，塞浦路斯（Cyprus）
- 1878年，西南非 [South West Africa，即纳米比亚（Namibia）]
- 1881年，北婆罗洲 [North Borneo，即沙巴州（Sabah）]
- 1884年，巴苏陀兰 [Basutoland，即莱索托（Lesotho）]
- 1884年，英属索马里兰 [British Somaliland，即索马里兰（Somaliland）]
- 1884年，巴布亚新几内亚（Papua New Guinea）
- 1885年，尼日利亚（Nigeria）
- 1885年，肯尼亚（Kenya）
- 1887年，马尔代夫群岛（Maldive Islands）
- 1888年，英国东非肯尼亚（British East Africa）
- 1888年，文莱（Brunei）
- 1888年，库克群岛 [Cook Islands，即新西兰属地（NZ Assoc）]
- 1888年，冈比亚（Gambia）
- 1888年，沙捞越州 [Sarawak，即马来西亚（Malaysia）]
- 1889年，罗德西亚（津巴布韦）
- 1889年，特立尼达（特立尼达和多巴哥）
- 1890年，坦噶尼喀 [Tanganylka，即坦桑尼亚（Tanzania）]
- 1891年，马拉维（Malawi）
- 1894年，乌干达（Uganda）
- 1898年，苏丹（Sudan）
- 1899年，科威特（Kuwait）

　　维多利亚所挚爱的丈夫阿尔伯特亲王让她和英国开拓了视野，让她拥有了经营帝国的观念。阿尔伯特对机械工业和发明创造兴趣浓厚，他在水晶宫（the Crystal Palace）组织举办了世界工业博览会（The Great Exhibition），让水晶宫成为展示日新月异的近代世界人们奇思妙想的殿堂。世界各地的发明创造都在这里得以展示，当然，最重要的是英国的展品。英国的各类发明创造占据了展厅一半的空间，这是大英帝国力量的象征，充分展现了英国的实力，进一步强化了维多利亚女王本人、英国政府及大多数英国民众地位至高无上的观念。

　　1857年印度爆发了民族大起义，这为英国扩张提供了机会。自

东印度公司是做什么的？

东印度公司最初名不见经传，只是伦敦商人开办的一家从事香料进口贸易的小企业。1600年，伊丽莎白一世女王（Queen Elizabeth I）授予该公司皇家许可状，1601年，詹姆斯·兰开斯特（James Lancaster）率领东印度公司船队进行了第一次贸易航行。公司在印度聚居点建立了贸易前哨，这些聚居点后来逐渐发展成为商业城镇。公司贸易稳步扩张，逐渐囊括了从亚丁到槟城（Penang）的重要贸易港口。随着控制区域的不断扩大，东印度公司发展成为历史上最强大的私人公司，拥有自己的军队，这些武装力量的创建者是罗伯特·克莱夫（Robert Clive），他是孟加拉（Bengal）首位英国总督。有了军事武装的有力支持，东印度公司采用直接控制及联合印度诸王公共同控制的手段对印度进行统治。最终，东印度公司的贸易额占据了世界贸易半壁江山，其贸易主要商品是棉花、丝绸、茶叶及鸦片。

▲ 兰开斯特是伊丽莎白时代的商人和私掠者

1757年以来，印度的实际主宰者一直都是贸易实体东印度公司。印度民众的宗教信仰和习俗遭到亵渎，民众逐渐产生不满情绪，最终导致起义的爆发。东印度公司无视印度种姓制度的禁忌，给印度士兵发放的子弹用涂有牛脂和猪油的纸包装，使用时还得用牙撕咬开，这是对印度士兵宗教信仰的极大亵渎，这些行为让印度人看清了自己日常遭受的种种不公，激起了他们普遍的愤慨，形势愈演愈烈，逐渐发展成大规模的起义。

起义最终被镇压下去，东印度公司也被解散，统治权收归英国政府手中，英属印度建立。

维多利亚女王举行了盛大的仪式，欢迎印度加入大英帝国的版图，她做出承诺，印度当地的风俗和信仰将受到尊重，她"对发生过的不幸和流血事件深感痛心"。她将自己塑造成一个母亲的形象，一个代表和平、正义、诚信政府的改革者的形象，这些为政理念主要是受她丈夫的启发而产生的。阿尔伯特亲王给她灌输了亚瑟王卡

▲ 第二次布尔战争期间，1899年莫德河战役（Battle of Modder River）之前的阿盖尔（Argyle）和萨瑟兰郡（Sutherland）高地步兵

米洛王国（King Arthur's Camelot）的理想愿景，即维系一个帝国的统治，不能依靠专制，而要依靠正义，在这个帝国中，强者要为弱者服务，善良将战胜邪恶，不要压迫和流血，要发展商业、教育和社会福利。阿尔伯特亲王对维多利亚的影响是巨大的。1861年12月14日，阿尔伯特亲王疑因伤寒症离世，英国自此走上了截然不同的全新发展道路。

阿尔伯特亲王在温莎城堡（Windsor Castle）的蓝厅咽下最后一口气辞别人世，女王当时痛苦万分，伤心欲绝，她失去了一生的挚爱，这一变故不仅改变了她本人，也改变了帝国的命运。女王身着丧服，直到自己离世的那一天方才脱下。她抛弃了阿尔伯特的理想，为自己的王国选择了一条截然不同的发展道路——独霸世界之路。

在议会中崭露头角的本杰明·迪斯雷利，极力支持女王缔造霸权帝国。这位野心勃勃、桀

▲ 英国宣传苏伊士运河的推介海报——这条水路是推动帝国发展的重要因素

骜不驯的保守党派领袖，热衷于帝国的王权与荣耀。他深受帝国探险故事的激励，坚信英国会成为一个强大荣耀的帝国。在政治上，他并不认同阿尔伯特亲王倡导的发展理念。自由党领袖威廉·格莱斯通（William Gladstone）则认为，大英帝国应当追求更高的道德目标，不应该走征服他国的道路，而应当走谋求商业繁荣、与全世界共享帝国道德观念的道路。

这两位充满激情和斗志的领袖，在议会中就上述两种针锋相对的观点相持不下，而维多利亚女王则一直处在失去丈夫的哀痛之中。没有了阿尔伯特，她觉得自己已经无法担此重任。她自己非常倾向保守派的观点，认为格莱斯通及其自由党的改革会面临重重危机，前景难料。迪斯雷利温文尔雅、谦恭有礼、直率自信，他的这种风格让这位孤独的女王颇为欣赏。迪斯雷利凭借谦恭的态度、幽默的智慧深深地打动了女王，让她重新燃起了对政治的兴趣，就像阿尔伯特亲王曾

CHAS.PEARS.

工业革命把英国从一个古色古香的海洋国家，变成了一个制造业大国。

经做过的那样，激起了她带领帝国走向强盛的斗志。不过，格莱斯通领导的自由党派的思想和阿尔伯特追求的卡米洛愿景的影响从未彻底消退。英国人普遍信仰维多利亚本人灌输的新教思想，

维多利亚如何统治世界

确保海洋霸权

1889年，英国通过"两强标准"（two-power standard），敦促本国海军实力至少能够对抗世界上即将出现的两个海上军事大国的联合实力。这个政策就是在世界范围内建立一系列海军基地，确保英国的海上霸权。海军的规模和实力要满足这一目标，阻止任何潜在的竞争者，确保英国称霸海洋。

开展工业革命

英国是第一个使用蒸汽机、第一个实现工业革命的国家。这些成就使得英国能够大规模生产物美价廉的商品，并将其贩卖至世界各地。这也给英国军队提供了一系列资源，例如来复枪、蒸汽船和火车，这些装备足以打败任何可能出现的敌人。医学领域的进步也让英国探险者能够深入偏远地区，而不用害怕热带疾病的侵袭。

传播信仰理念

除掠夺土地外，英国还有着强烈的新教信仰，希望去改变世界。英国将自己视作文明的代言人——他们希望向全世界传播思想，能创造和平、秩序和稳定。他们相信自己所做之事是正确的，例如像大卫·利文斯通那样的人前往非洲传播上帝的福音。

抓住机遇发展自己

当西班牙、法国、荷兰和奥斯曼帝国这些曾经的世界大国实力衰退的时候，英国开始问鼎实力巅峰。欧洲战争削弱了其他强国的实力，英国充分利用这一契机，利用自身相对和平的时期，进行持续不间断的扩张。但凡出现一点点威胁，例如俄国势力的扩张，都会激发英国新的扩张狂热，大英帝国要将世界牢牢掌控手中。

强大的领导权

在19世纪的大多数时段里，英国都是单一君主制，即维多利亚女王的统治。她的在位时间打破了历史纪录，其长期在位让帝国得以享有稳定的局面，强化了帝国不可征服的思想理念。虽然维多利亚也参与政府事务，但是她的作用更多的是象征性的，她并非直接坐拥权力，这一点保证了英国政治的稳定性。

13

乔治亲王号战列舰的构造

意志坚韧的船员
乔治亲王号载有 672 名军官和士兵。这比之前的战舰船员人数要少一些，正常战舰全员需要800~900 人。

强大的助推能力
乔治亲王号采用两台三胀式蒸汽机推动，最高航速达到 16 节（时速 30 千米）。发动机由 8 座燃煤单头圆筒锅炉构成，能够产生强大的推动力，当然燃料的消耗也相当惊人。

先进的蒸汽动力
将蒸汽动力作为辅助推动系统，始见于 19 世纪 30 年代。最早专门建造的蒸汽战舰是法国的拿破仑号，无论海上风向如何，其航速都能达到 12 节（时速 23 千米），紧随其后，英国也开始建造蒸汽战舰，以抗衡法国。英国新造了 18 艘战舰，并将原有的 41 艘战舰改造为蒸汽动力。

牢不可破的船骨
拥有坚不可摧的骨架，对战舰来说至关重要。19世纪 70—80 年代的装甲战舰被前无畏战列舰替代，前无畏战列舰的建造使用了韧性钢，加固有硬化钢制装甲。

突出的火炮系统
前无畏战列舰装备有不同用途的各类火炮。乔治亲王号装有 4 门重型大口径慢射主炮，这种火炮虽然操作不便，但是能有效击穿敌舰装甲。此外，还配备有由 12门 40 口径速射炮组成的副炮组。

坚固的钢铁装甲
该舰使用 22.9 厘米（9 英寸）哈维钢板护甲，这保证了战舰吨位不是很大的情况下，同样能受到很好的保护。因此，前无畏战列舰相较之前的战舰防护甲更轻，但舰体装甲护卫能力未减分毫。炮台、指挥塔和甲板都得到装甲的有力保护。

他们认为，英国的价值甚至说责任就是要将文明带给整个世界。他们坚信，英国不仅要开展贸易输出商品，还要输出道德价值与公正理念。

正是为了追求这种目标，许多传教士将注意力转向非洲。人们对那片"黑暗大陆"知之不多，但是普遍认为非洲是一个因为部落战争而导致宗教信仰丧失、异教崇拜盛行的地方。在这些传教士中，有一个人引起了英国的特别关注。他就是大卫·利文斯通（David Livingstone），英国公众一致认为，利文斯通代表了英国所能呈现的一切美德。作为一名医疗传教士，利文斯通在非

洲大陆英勇无畏的探险精神受到了英国公众的追捧。他独战恶兽、勇闯密林、抗争病魔，这些经历让利文斯通成为帝国基督教理想的英雄形象。

利文斯通与非洲苦力刑徒之间惊心动魄的对抗，助推了英国的扩张野心。非洲盛行的奴隶制度与利文斯通及英国公众的观念格格不入，1833 年，英国境内摒弃了奴隶制习俗。女王与政府支持利文斯通寻找合适的贸易路线，希望通过商业贸易，非洲人能找到谋生之法，而非像原来那样依靠剥夺奴隶的劳动。利文斯通寻找贸易路线的行动失败了，他回国后受到严厉批评，崇

他们坚信，英国不仅要开展贸易输出商品，还要输出道德价值与公正理念。

尚帝国扩张的迪斯雷利欢欣雀跃。他对维多利亚女王恭维有加，让女王站在了自己的一边。现在，君主和政府联合起来开始追求一个共同的目标——大英帝国海外扩张。

当英国冥思苦想谋求进一步发展的时候，一个天赐的绝佳机会出现了。埃及总督伊斯梅尔帕夏（Isma'il Pasha）因举办庆典耗资靡费，加上与埃塞俄比亚之间的战争军费开支巨大，而深陷债务泥沼。绝望之中，他提出希望将埃及的苏伊士运河股份卖给英国以获取资金。苏伊士运河不仅仅是一个贸易港口，还是经埃及和红海通往印度的最短航线，由此航道则无须绕行非洲的漫长航线。埃及总督的这项提议，让英国控制了咽喉要道之地。迪斯雷利催促维多利亚女王接受这个提议，维多利亚女王立即抓住机会，于是苏伊士运河控制权落入英国手中。

英国在掌控印度之后成为全球最强大的国家，全世界四分之三的贸易均由英国船只承载，不过这种局面也面临威胁。沙皇俄国逐步向东向南不断扩展，目前正虎视眈眈朝着维多利亚珍爱的明珠——印度靠近。中东地区基本由土耳其人控制，但是他们此时正忙于处置叛乱问题。土耳其对待自己的基督徒臣民手段残暴血腥，但是当俄国支持叛乱的时候，英国别无选择，只能支持土耳其。对英国公众来说，沙皇俄国是傲慢自大、残忍奴隶制和野蛮征服的代名词，这些都是英国极力反对的，所以公众整体上支持国家的这一选择。与世界上最强大的国家临战在即，俄国迫于形势只好同意和平谈判，促成谈判的功劳一部分可以归因于迪斯雷利的个人魅力和谈判技巧，俄国同意停止对中东地区的侵略。

经此博弈，当英国试图再试锋芒的时候，全体民众的帝国激情一触即燃。英国在非洲大陆持续扩张，与非洲最强大的土著祖鲁人（the Zulus）爆发了正面战争。英国人自大傲慢，完全藐视这些手持长矛的祖鲁人的顽强斗志，因此战争伊始遭受到毁灭性的打击。直至后来增援了16000名士兵，英军才将祖鲁人击溃，控制住了局面。得胜的殖民军队本打算回国邀功请赏，但是却惊讶地发现，英国人的观念已发生了改变。

格莱斯通，这个维多利亚女王口中所谓的"几近癫狂的惹事鬼"，极力鼓吹说祖鲁人遭到了大规模的屠杀，家园受到了肆意的破坏。维多利

▲ 利文斯通医生

15

▲ 1851年的世界工业博览会提升了英国的国民自信

亚对格莱斯通的行为愤怒至极，但是民众站在格莱斯通这一边，女王深感沮丧，政府的权力再次易手。不仅是自由党领袖，全欧洲的注意力都紧紧地盯着非洲，欧洲各国势力角逐非洲，在这里争相拓展殖民地。在这些欧洲列强逐鹿非洲、疯狂抢占殖民土地的浪潮中，可以看到一个人的行为会对英国的国运产生多大的影响。

穆罕默德·艾哈迈德（Muhammad Ahmed）领导各部落民众联合起义，反抗腐朽的苏丹统治，这场革命沉重打击了苏丹的统治。当战火迫近苏伊士运河时，维多利亚敦促格莱斯通调动英国驻军进行防卫。但是，这位自由派领袖拒绝了维多利亚。为了争取时间，他派遣查尔斯·戈登将军（General Charles Gordon）负责撤离那些忠诚的平民和士兵。

与利文斯通一样，戈登也是一位国民英雄。他勇敢无畏，受人尊敬，戎马一生，他辉煌的军旅生涯让他成为公众眼中璀璨如星的古老骑士。虽然戈登拥有这些品质，但是他个性狂野不羁，做事时常出人意料。他到达苏丹后，看到当地奴隶制盛行，深受震惊，于是决定与马赫迪（Mahdi）开战。因为兵员稀少、战力有限，戈登很快

▲ 青年时期维多利亚的画像，所展现风格与传统审美迥然不同

就被围困于喀土穆城（Khartoum）。他寻求援助，但让崇拜他的民众愤怒的是，英国政府对他的求援充耳不闻。经过8个月的呼吁抗争，格莱斯通最终在民意迫使之下派兵援助，然而一切都太迟了，戈登已经战死喀土穆。

自由党的理想瞬间被击得粉碎，格莱斯通在选举中落败，他标榜的道德也与他一同出局。英国的扩张迎来了一个新的鼓吹者——塞西尔·约翰·罗兹（Cecil John Rhodes），他将大英帝国引向了黑暗危险的道路。塞西尔·约翰·罗兹从英格兰出走非洲，在棉花农场工作，后来在经营钻石生意的狂潮中迅速发迹，但是他还想索求更多，他想获得整个非洲。在权力和金钱诱惑的驱使下，罗兹希望整个非洲都成为英国的殖民地，殖民的目的不是改善人们的生活，也不是为了传播基督教的价值观，而是为了获取经济利益和从事商业贸易。

罗兹性格坚韧，诡计多端，借此他屡获成功。在英国政府的支持下，他采用欺骗和杀戮的方式夺取了整个非洲大陆，每一步血腥的发展背后，都少不了英国政府的支持。罗兹的目的就是

主要竞争对手
与英国竞逐领土的三个国家

俄国

当英国开疆拓土时，俄国也在不断扩张。一百年来，俄国向东向南不断扩张，大英帝国和沙皇俄国在中亚地区的领土边界日益接近。英国倾注心血保护印度，因为印度是其商品和人力的重要来源地。英俄双方都力图控制伊朗、阿富汗等将双方分隔的地区，最后这场竞争演变为著名的"大博弈"（the Great Game）。英国认为俄国的进攻威胁迫在眉睫，虽然实际未必如此，但这种认识导致英国军事介入阿富汗。

德国

自1850年始，德国以惊人的速度进行了工业化，从一个乡村农业国变成了一个高度城镇化的工业国。十年之间，德国海军的发展突飞猛进，成为唯一一个能够抗衡英国海军的强国。虽然19世纪晚期的德意志帝国只有为数不多的小殖民地，但是这个新统一的国家正缓缓向亚洲和太平洋地区殖民扩张。威廉二世（Wilhelm II）掌权后，推行激进的政策，提出要获得跟英国一样的"一席之地"，这也是造成"一战"爆发的因素之一。

法国

19世纪早期，英国的老牌对手法国就失掉了大多数殖民地，此时仍在自我疗伤。不过，从1850年起，法国的统治者们试图再续往日荣光，他们宣称在北非、西非及东南亚的土地有所有权。在普法战争中失败后，法国继续热衷于扩张疆域，在整个非洲获取土地。与大多数对手不同，法国在"一战"之后持续扩张，直到20世纪30年代方有变化。

17

▲ 戈登将军组织了长达一年的苏丹守卫战，援军在城市陷落后的两天才赶到，彼时戈登已经被杀死

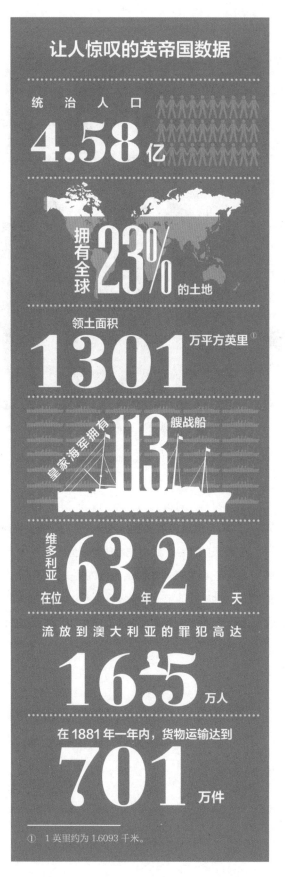

让人惊叹的英帝国数据

统治人口

4.58亿

拥有全球**23%**的土地

领土面积

1301万平方英里①

皇家海军拥有**113**艘战船

维多利亚在位**63**年**21**天

流放到澳大利亚的罪犯高达

16.5万人

在1881年一年内，货物运输达到

701万件

① 1 英里约为 1.6093 千米。

让整个世界成为英国的殖民地，他的著名言论是，"如果上帝真的存在，他希望我做的就是，将非洲尽可能多的版图涂成英国的红色。"其贪婪的殖民思想，让毫无准备的英国轻启战端，陷入了著名的布尔战争之中。

南非北部的德兰士瓦省（Transvaal）发现金矿，罗兹担心该省会与德国人联合开采从而切断他与非洲大陆北部的商业路线，于是策划了一场暴动，试图推翻布尔人的领导者。但是情况并未按他想象的那样发生，布尔人并非像他曾经征服过的那些身体赤裸、手拿长矛的人，他们手中有枪，作战凶狠，有勇有谋。

英国毫无缘由进犯一个独立国家，引起了整个欧洲的愤怒，不过在英国国内很多民众的看法却并非如此，他们坚信自己肩负的是崇高的使命，认为布尔人是邪恶的、冥顽的。英国增派更多的士兵，他们认为这场战争会速战速决，会光耀千古，但是，战死的英军越来越多，尸体堆积如山，维多利亚女王自己的孙子也殒命于此，英国人的信心开始崩塌。

随着英国援军如潮水般不断涌入该地区，战局慢慢开始逆转。罗兹从失败和绝望的泥潭中挣扎出来，反败为胜，布尔人的领土沦为英国的殖民地。大英帝国的版图虽然进一步扩张，但此役付出了惨重的

王室与政府联合起来，追求一个共同的目标，那就是帝国扩张。

▲ 1892年塞西尔·罗兹的人物漫画，当时他宣布开通从开普敦到开罗的电报和铁路线路计划

▲ 这幅讽刺漫画绘于1876年，嘲讽了维多利亚女王和本杰明·迪斯雷利二人之间的关系

代价。罗兹在战争中有很多行为充满争议，让英国民众绝难接受，其中包括建立第一集中营。一开始追求基督教信仰的高尚事业，现在变成了贪婪、残忍的权力争夺。罗兹去世时，他那冷酷血腥的帝国主义形象同他一起埋葬在非洲干燥的沙尘中了。

维多利亚女王去世时，终于脱掉了一直穿了40年的黑色居丧服，她一身洁白，身上撒满了春天的花朵。她将结婚时穿的面纱戴在头上，似乎已经准备好和她最亲爱的丈夫团聚了。然而，她又留下了一生所爱、她苦心经营的大英帝国，地图上代表着大英帝国统治的粉色区域幅员广阔。

战死的英军越来越多，尸体堆积如山，曾自以为战无不胜的英国，面对非洲信心开始崩塌。

维多利亚女王

这位君主统治了一个庞大的帝国，在位长达 63 年，成为母权制的象征

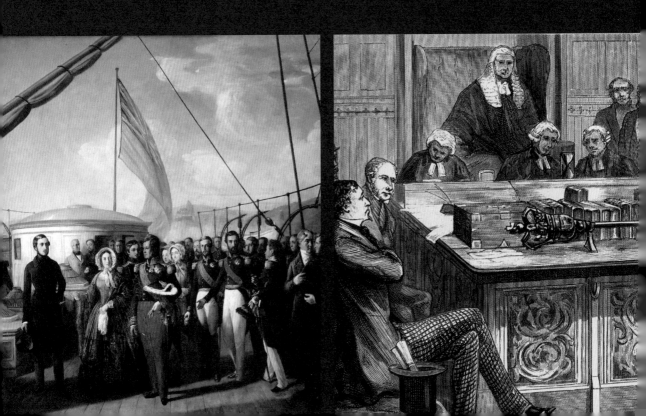

维多利亚从质疑声中走出

维多利亚女王至今依然是英国人最爱戴的君主之一，
她挫败了无数阴谋，消除了民众的质疑之声，
抚慰了自己的情绪，维护了自己作为帝国女王的地位

英国新君主的加冕仪式，吸引了众多民众前来观礼，人数史无前例。当时新建铁路已经在全国范围内通车，便利的交通让40万民众得以前往伦敦，观看他们的新统治者的加冕典礼。大街上熙来攘往的都是女王忠诚的臣民，男人、女人和孩子都渴望看一眼他们年轻的女王。自乔治四世以来就在加冕典礼中使用的金马车让人叹为观止，8匹白色骏马驾驭的马车在夏日阳光下显得熠熠生辉。

当马车穿过人群的时候，欢声雷动，穿着优雅的女士们挥舞着手绢致意。步兵和骑兵在人行道上列队而行，军乐队演奏着胜利喜庆的乐曲。张灯结彩的座位上挤满群众，座无虚席，无数双眼睛盯着华丽马车中端坐的女王。

女王进入大教堂时，身穿豪华长袍的贵族们早已就座。女王身穿缀满貂绒和金色流苏的深红色天鹅绒长袍，头戴金色饰环。提着裙裾的8位侍女的身影遮住了女王的身影，紧随其后的是50名女士。女王本人身形娇小，个子不高，年仅19岁。她高昂着头，脚步轻盈，人们向她鞠躬致意。她展现出的娴静的皇家气派，让她看起来是所有人中最耀眼的一位。

女王一生中，曾经历过7次暗杀未遂。1840年，一个叫爱德华·牛津（Edward Oxford）的人试图刺杀维多利亚，当时维多利亚怀有4个月身孕。

抚养未来的君主

维多利亚从未被当成王位继承人来培养。她的父亲是肯特公爵爱德华王子，他的经历并不光鲜，他是第四子，上面还有几个哥哥，可以想见他和他的孩子们永远不会继承王位。维多利亚的母亲是肯特公爵夫人，是德国的公主。毫无疑问，她希望能给丈夫生一个儿子，而不是一个女儿，更不是仅有的女儿。维多利亚出生后不到一年，父亲就去世了，母亲成为她童年生活唯一的主导者。

公爵夫人很乐意让女儿接受与上流社会女孩身份匹配的抚养方式，维多利亚在语言、写作、音乐、历史、绘画、算术、地理和宗教方面都接受过良好的教育。尽管维多利亚被认为精力旺盛、乐于助人，但是她几乎没有几个同龄的朋友，只能把心中的想法和感情记录在那些著名的日志当中。

当维多利亚确定要继承王位的时候，她的孤独感越来越严重。母亲对她的控制与日俱增，这主要是约翰·康罗伊的主意。他们二人制定了一套严格的规则，也就是肯辛顿家规。维多利亚永远不能脱离大人的视线，她的日常活动要被精确计算到每一分钟。这些规则让维多利亚变得日益柔弱，变得更加依赖母亲和康罗伊。

但是，他们的计划失败了，维多利亚拥有的强烈意志超出了他们的想象。她变得越来越憎恨这个家规以及这些规则，甚至憎恨自己的母亲。她最恨的是康罗伊，后来她将其称作"怪兽""魔鬼的化身"。她登上王位之后，迅速将康罗伊驱逐出王室生活，让他在自己的生活中永远消失。

▲ 维多利亚非常喜爱自己的宠物，尤其是她的西班牙猎犬达什（Dash）

加冕仪式的愉悦气氛非比寻常：有点与众不同、让人激动。民众对维多利亚的伯父们颇为憎恶，因为他们奢靡无度，让民众吃尽苦头，而眼前这个相貌姣好、容光焕发的女孩代表了一个机会，国家可能会出现一些改变，一个新时代可能即将开启。对维多利亚而言，加冕仪式则有着截然不同的内涵，借此她终于获得了长期以来渴求的自由。

维多利亚出生时，英国君主制正面临着王位继承危机，暗流涌动。乔治三世子嗣众多，准确地说是15个子嗣，但是王位继承人乔治四世挚爱的独女夏洛特公主（Princess Charlotte）年纪轻轻就早逝了，在这种情况下，君位传承不可避免陷入了混乱。按照世系，维多利亚的父亲肯特公爵（Duke of Kent）爱德华上面还有3个哥哥，不过除一人外，他们年老后都没有留下法定继承人。这样，维多利亚一出生就成为王位的第五顺位继承人，在新一代中则位列第一。

摄政王乔治王子讨厌他的弟弟爱德华，一想起爱德华的孩子将继承王位就感到深恶痛绝。尽管他表面上同意做维多利亚洗礼仪式的教父，但是他利用权力，不让举办任何盛大的仪式。他还给新生儿列出了"不可接受"的名字黑名单，这些名字都是王室成员使用的。

据说，当大主教询问这个孩子应该取什么名字时，摄政王不让使用"亚历山德里娜"（Alexandrina）。年幼的维多利亚从接受洗礼这一刻起，从获得名字这一刻起，就开启了一个需要忍受多年的传统：忍受那些意图控制她的男人的压迫和训导。乔治王子不希望这个女孩引起任何人的关注，他希望她能隐匿于王室庄园，然后嫁给一位外国王子，这样他就可以自行其是了。

维多利亚的父亲很爱她，对哥哥乔治的懊恼很快就变成了在任何适宜的场合都要炫耀自己的

▲ 维多利亚的外貌没有什么可炫耀的——她经常被描述为"又矮又胖，长相平平"

女儿。不幸的是，爱德华在维多利亚出生后8个月就去世了，留下了维多利亚和她的妈妈肯特公爵夫人，以及累累的债务。作为王位继承人，维多利亚只能排在第三顺位，无家可归的母女住

在破旧的肯辛顿王宫（Kensington Palace）中的一套房间内。公爵夫人有一个选择：回到她的出生地科堡（Coburg），从第一次婚姻中获得可靠的收入，或者赌维多利亚可能会登上英国王位

英国共和党纷争

维多利亚登基之初，缺少理政经验，这对她产生了不利的影响，同时不利的因素还有臣民们的态度。她的前任君主和那些让人生厌的伯父的所作所为，让民众对君主的期望降到有史以来最低值。

自乔治三世以来，民众对王室的评价一直处于逐步下降的态势，乔治三世是让英国失去美洲的替罪羊。他患有精神疾病，长期以来病体恹恹，几乎无法让民众对王权重建信心，他的儿子乔治四世让这一情况雪上加霜。乔治四世的婚外恋情举国皆知，他为一己之好肆意浪费纳税人的钱。当同胞们在与拿破仑浴血奋战的时候，他却在纵情酒色。他不是让人敬仰的国民英雄，而是令人蔑视憎恶的对象，人们一直嘲笑他肥胖的体态。国王的一个助手私下里写道："没有比他更卑劣、更懦弱、更自私、更冷血的家伙了……曾经有过英明睿智的好国王，但是并不多……我相信他是其中最坏的一个。"维多利亚的前任国王威廉四世，最初颇受欢迎。威廉四世举行的加冕仪式简单质朴，与此前哥哥的豪华奢侈截然不同。不过，他的统治受到了改革危机的影响。

维多利亚加冕时，正是民众认为王权"道德大沦丧"的时候。毫不夸张地说，她想重获臣民们的信任，是一个充满斗争的漫长过程。

▲ 惠灵顿公爵（The Duke of Wellington）参加了第一次枢密院会议，他写道："作为女王，她权衡有度，气质征服了在场所有人。"

宝座。虽然时局变幻莫测，但是她还是选择了后者。从一开始，公爵夫人就相信她的孩子注定会成为大人物。公爵夫人现在还很年轻、漂亮，充满活力，但是她把这些都弃置一旁，开始安静地休养生活，将全部身心都投到女儿身上。

公爵夫人之所以有这样的想法，在很大程度上是因为受到她忠诚的同伴约翰·康罗伊（John Conroy）的鼓励。约翰曾经是维多利亚父亲的侍从武官，爱德华去世后他成为维多利亚母亲的密友和顾问。康罗伊曾经是一名士兵，为人诡谲，总能借着各种理由躲避参战，因此被人鄙视。虽然他通过婚姻提高了社会地位，树立起形象，但

她作为君主的第一个诉求，就是希望能够安静地独处一个小时——此前未有。

是他认为这些还远远不够，他将爱德华及其家庭视作通往权力的终南捷径。

维多利亚的父亲很可能对他有所警觉，尽管康罗伊多次请求，肯特公爵还是拒绝死后让他做自己女儿的合法监护人。康罗伊最终未能获得这位年轻王室成员的监护权，但是他对其母亲的掌控意味着他能将自己的意愿强加在维多利亚的身上。他们一起制定了一套极为严格的规则，即肯辛顿家规（the Kensington System），维多利亚必须遵守。康罗伊看到公爵夫人声誉不佳后，便竭力将其塑造成一位充满慈爱的母亲形象，但是却悄悄在她耳边提醒让她提防王室家族的其他成员，这就更加深了公爵夫人的偏执想法。

尽管维多利亚是一个聪明友善的女孩，但是她童年备受束缚，非常忧郁。私下里康罗伊会欺负这个小女孩，只要有机会就侮辱她，取笑她，他控制她的母亲，阻止她与其他孩子交往。公爵夫人很可能对自己的女儿没有任何恶意，但是她年纪轻轻便失去了挚爱的丈夫，一个孤独、脆弱的灵魂，很容易陷入一种怪想，康罗伊这个野心勃勃的男人进入她的生活，妄图利用她谋求一己私利。很可能她不愿意相信这个事实。但是无论情况如何，眼前的形势意味着维多利亚生活的每一个方面都被控制了，尽管她是王位继承人，但是她所有的权利都被剥夺了。

小维多利亚接受了自己的命运，但是当她长大日渐成熟后，她的意志开始变得非常坚决。她生气勃勃，活力四射，逐渐清醒地认识到自己在社会中的地位，以及日后将要落在自己身上的重担。维多利亚13岁的时候，康罗伊安排她到中部地区（the Midlands）考察，实际目的是向公众炫示她。维多利亚的伯父威廉四世国王持反对态度，他认为他们把这个小女孩塑造成了他的竞争对手，而非他的继承人，维多利亚也认为如此。

维多利亚抱怨说，在公众面前频繁亮相让她感到精疲力竭，于是很快就病倒了。康罗伊不关心维多利亚的病情，在她发烧时还利用她身体虚弱的状态，极力游说争取成为她的私人秘书。被这个冷酷的男人控制多年之后，维多利亚终于拒绝了康罗伊。从这一天起，公主变得越发倔强，但她表面上没有显露出来，而是一直维持一个乔治王朝时代的淑女形象。私下里，她将自己承受的挫折烦恼写进日记当中，期待着有一天能够掌

▲ 维多利亚根据她的一位教父俄国沙皇亚历山大一世（Emperor Alexander I of Russia）的名字，取名为亚历山德里娜

维多利亚的小圈子

在维多利亚女王早期生活中发挥重要作用的男性和女性

亚瑟·韦尔斯利，第一代惠灵顿公爵（Arthur Wellesley, 1st Duke of Wellington）

在维多利亚女王少年时代，这位著名的军事人物与其过从甚密。韦尔斯利对维多利亚女王极为忠诚，他还充当父亲的角色，给她提建议。维多利亚后来曾经写道："他是我的国家培养出来的最了不起的人。"

奥古斯都，萨塞克斯郡公爵（Augustus, Duke of Sussex）

奥古斯都是乔治三世的第六子，也是维多利亚最喜欢的叔父，在维多利亚的婚礼上，他担任了父亲的角色，将女王交给她的丈夫。二人关系亲密，维多利亚很重视他的建议。当初，他娶了一位非王室成员曾引发争议，维多利亚赐她的妻子为因弗内斯公爵夫人（Duchess of Inverness）。

莱奥波德一世（Leopold I）

维多利亚喜欢舅舅莱奥波德，他是比利时国王，女王就任早期经常询问他的意见。莱奥波德娶了夏洛特公主，也正是他安排了女王与他侄子阿尔伯特之间的婚姻。

欧内斯特·奥古斯都，汉诺威国王（Ernest Augustus, King of Hanover）

欧内斯特是乔治三世的第五子，在哥哥死后成为汉诺威国王，当初因为维多利亚是女人，所以无法继承汉诺威王位。他们的关系表面亲密，但实际并不稳固。

阿尔伯特亲王（Albert, Prince Consort）

维多利亚挚爱的阿尔伯特不仅是她的丈夫，而且还是她最信任的顾问。作为亲王，阿尔伯特没有实权，但是维多利亚委派他负责管理宫廷事务，并频繁向他寻求建议。阿尔伯特也担任了许多公共职务，在教育改革和废除奴隶制方面备受赞扬。

墨尔本勋爵

墨尔本是辉格党派的贵族，1834年担任英国首相，1835—1839年再次担任首相，1839—1841年第三次也是最后一次出任首相。他与年轻的维多利亚关系亲密，在政治事务方面给了她诸多建议。这种亲密的关系激起了外界对女王的各种猜疑，女王因此获得"墨尔本夫人"的绰号。

萨克森科堡–萨尔费尔德的维多利亚（Victoria of Sax-ecoburg–Saalfeld）

维多利亚幼年时期，母亲是一个重要角色，但是维多利亚登上王位后，便将母亲送到远离自己的独立住处。直到维多利亚的第一个孩子出生才把这位公爵夫人接回来，进入维多利亚的内部圈子。

男爵夫人莱岑（Baroness Lehzen）

维多利亚大约5岁的时候，莱岑负责照料她，她对这位公主尽心尽力。维多利亚和这位男爵夫人的关系很亲密，二人都讨厌母亲和康罗伊。维多利亚加冕女王后莱岑在宫廷中享有显赫的地位，成为首席联络官。

罗伯特·皮尔爵士（Sir Robert Peel）

托利党领袖罗伯特·皮尔掌权后，维多利亚对其极度反感，因为她依然喜欢墨尔本。但是经过阿尔伯特亲王耐心劝导之后，维多利亚逐渐喜欢上了皮尔。皮尔死后，女王曾说"值得尊敬的皮尔，他无限忠诚、勇敢、爱国，品格高尚"。

约翰·康罗伊

约翰·康罗伊是维多利亚早期的顾问，他与维多利亚的母亲关系亲近。有关俩人关系超出友谊范围的谣言甚嚣尘上。他试图劝导维多利亚的母亲摄政，但被挫败，维多利亚加冕后很快就将其排出王家事务之外。

▲ 据说维多利亚女王的婚礼蛋糕重达300磅^①

① 1磅约为453.59克。

控自己的生活。

　　康罗伊花言巧语彻底哄骗了公爵夫人，但是他的阴谋骗不过所有人。1836年，威廉四世在自己最后一个生日宴会上，向包括维多利亚及其母亲在内的所有人宣布，他要多活至少9个月，亲眼看到他亲爱的侄女登上王位，他将阻止维多利亚的母亲摄政，并将其描述为"她周围都是邪恶的顾问"。维多利亚对伯父的话语深感震惊，热泪盈眶。9个月后，一如预言那样，维多利亚

的伯父威廉四世去世了。在此几周前，维多利亚年满18岁。这对康罗伊来说结局很不幸，威廉四世这位老人凭着坚定的意志胜出了。

　　就在威廉四世去世的那天早上，只穿一件晨袍的维多利亚得知自己即将成为女王。她作为君主的第一个诉求，就是希望能够安静地独处一个小时——此前未有。当天早上9点，她在自己房间里"独自一人"接见了首相墨尔本勋爵（Lord Melbourne），墨尔本勋爵不断亲吻她的手，与她

时尚女王
引领世界的时装潮流

1837 年
成为女王
哈塞顿勋爵（Lord Hatherton）这样描述她的礼服，"……身穿纯黑色丝绸礼服，白色的薄肩领，披着薄如细纱的黑色披肩。我从没见过她如此动人"。

1838 年
加冕仪式
维多利亚加冕仪式上的服装，展现了鲜明的皇家特色，她身穿深红色的饰有貂绒和金色蕾丝流苏的皇家礼袍。

1840 年
庆典活动
维多利亚检阅军队时，常身穿这套骑装。伊丽莎白二世继承了这一传统，在同样场合也穿着类似风格的骑装。

1840 年
婚庆典礼
当时大多数新娘都选择鲜艳的婚纱，但维多利亚与众不同，她选择了白色纱裙，后来无数新娘争相效仿。

1851 年
水晶宫落成典礼
维多利亚经常身穿荷叶边裙，这种裙子下摆设计宽松，显得上身苗条纤细，因此很快风靡一时。

1855 年
法国国事访问
会晤外国政要的时候，维多利亚希望给人留下深刻的印象。会见拿破仑三世时，她穿的就是这件裙装。

1861 年
居丧服
阿尔伯特去世后，维多利亚失去了对服饰的热爱，在随后的40年里她一直穿着这件标志性的裙装。

详谈。当日晚上9点，勋爵又再次来看她，后来女王写道："我们进行了重要的谈话，让人颇感舒适。"康罗伊花了18年时间力图野蛮地操控维多利亚，但是墨尔本用温暖的话语和魅力，用不到一小时的时间就赢得了她的心。

康罗伊将赌注押在一个逆来顺受的人物身上尚可，但是押在维多利亚身上则是一个错误。维多利亚一回到白金汉宫，便尽其所能让母亲和康罗伊保持距离，剥夺了这个野心勃勃的仆人一直渴望的宫中权力和地位。她的母亲就此提出反对意见，维多利亚则回复道："我想，就约翰·康罗伊爵士过去这些年对我的所作所为，您不会指望我还会邀请他在宫中做事吧。"康罗伊一直以为维多利亚逆来顺受、容易掌控，从外表看的确如此——她身材矮小，相貌平平，性格腼腆，阅历尚浅——但是维多利亚温和的外表下隐藏着决绝的意志。维多利亚第一次清楚地表明，她不再受任何外在胁迫，她将康罗伊从王室事务中排挤了出去。

维多利亚是第一位住在白金汉宫的君主，当时的白金汉宫年久失修，状况糟糕，与我们今天看到的庄严华丽完全不同。洗手间通风状况不好，上百扇窗户无法打开。维多利亚只是一个十几岁的少女，在这样的一个新住所深感孤单，母亲和康罗伊二人也不在身边，尽管她很憎恶他们。更重要的是，她也像普通人那样渴望朋友，畏惧孤单。很可能就是这种恐惧，促使她强烈地需要和依赖挚爱的伙伴墨尔本。

维多利亚不太习惯别人的善意，特别是来自男性的善意。墨尔本待人体贴入微，长于恭维之

1837年，维多利亚被告知将登基成为女王

9点钟，我在房里接见了墨尔本勋爵，当然是单独接见，我对所有的大臣都单独接见。他吻了我的手，我想继续了解，我想留他一直……做宫廷事务首席官员，没有人比他做得更好了。接着，他再次吻了我的手，之后给我读我将在议会上读的声明（the Declaration），声明是他亲笔撰写的，写得非常精彩。然后我和他聊了一段时间，他离开了……。我非常喜欢他，我对他充满信心，他是一个诚实坦率、真诚聪明的好人。大约11点，墨尔本勋爵又来看我，和我聊了各种话题。

1838年，加冕当日

晴朗的一天，观礼的民众大大超出我的想象……成千上万忠诚的臣民前来观礼，他们聚集在每一个角落，见证这场盛大的游行庆典。他们兴高采烈，异常虔诚。我真不知道应该如何表达，作为这样一个国家的女王，我应该多么骄傲……接下来是各种典礼仪式，最后一步是戴上我的专属王冠，这是我人生中最美丽、最骄人的时刻。与此同时，所有的贵族和贵族夫人都戴上了他们各自的冠饰。我优秀的墨尔本勋爵在整个典礼期间就站在我的身旁，此刻他完全沉浸其中，应该说，他一直用父亲般和蔼的眼神注视着我。

1840年，婚礼之夜

他把我放在膝上，吻了我，他对我如此疼爱和体贴……我从来没有过这样的夜晚！我最亲爱、最亲爱的心爱的阿尔伯特，坐在我旁边的脚凳上，他对我的极度宠爱给了我天堂般的爱和幸福感。我一生从未想过会拥有这样的时刻。他紧紧抱住我，我们深情地彼此一次又一次地拥吻。他的美好、他的甜蜜、他的温柔，我不知该如何感谢自己拥有这样一个丈夫！……我们两个来到床边（当然是睡一张床），躺在对方的身旁，躺在他的胳膊里，躺在他亲爱的胸膛上，他温柔地叫着我的名字，从没有人这样温柔地叫过我，这是难以置信的天堂！这是我一生中最快乐的一天！

道，他让维多利亚相信，她所有的不自信，例如身材矮小、阅历不足、性格腼腆等都是优点。墨尔本温柔地对待这个年轻的女子，这种温柔她很少感受过，他每晚都花几个小时给她写信。维多利亚欣赏他，热爱他。维多利亚在被告知即将成为女王后的几个小时，举办了第一次枢密院会议，那时她才18岁，周围都是英国政坛最有影响力、最有经验的政治家。她后来的确提及自己当时"完全不紧张"，那是因为从那一刻起，她从墨尔本的认可中获得了力量，她能够在墨尔本的扶持下稳步前行。

很快，女王与首相二人就变得难舍难分。墨尔本比女王年长40岁，是一个没有子嗣的鳏夫，或许在某种程度上，他把维多利亚视作了自己的

维多利亚女王一生遭遇多次刺杀

尽管维多利亚女王是英国历史上最受爱戴的君主之一，但是她统治的时期是一个社会大变革、大动荡的时期，并非每个人都满意于她的统治。作为一个强大帝国的象征，她多次处于风口浪尖之上。

爱德华·牛津，1840 年

维多利亚和阿尔伯特亲王乘马车沿宪法山（Constitution Hill）前行的时候，一个年轻人朝马车连开两枪，最后被抓获。牛津被认为有精神障碍，"按照女王的旨意"，他被囚禁了起来。

约翰·弗朗西斯，1842 年

这次刺杀行动与第一次颇为相似。这个名为弗朗西斯的男人试图向马车里的女王夫妇射击。警察将其逮捕，当时他正手持枪支，但是却未能成功扣动扳机。弗朗西斯被判死刑，但是维多利亚将死刑改判成流放。

约翰·威廉·比恩，1842 年

比恩是一个驼背的男孩，他挤到人群前面，挥舞手枪朝女王夫妇射击。他说他并不想真的射杀女王，而只是希望被流放。他被判处 18 个月监禁。

威廉·汉密尔顿，1849 年

依然是皇家马车经过宪法山的时候遭到枪击。不过，这次是女王独自一人乘车。枪手是一个可怜的爱尔兰人，警察并不认为这次暗杀企图很严重，汉密尔顿被判处 7 年流放。

罗伯特·佩特，1850 年

维多利亚和她的 3 个孩子被人用拐杖袭击头部。民众抓住了袭击者佩特，群情激愤，警察都难以带走他。佩特精神不正常，最后被判处 7 年流放。

亚瑟·欧康纳，1872 年

在白金汉宫的花园里，一个少年用枪指着维多利亚的头。他让维多利亚签署一份芬尼运动[①]文件，女王只是点点头。男孩欧康纳被判处 1 年监禁，桦木条抽打 20 下以为惩戒。

罗德里克·麦克莱恩，1882 年

对女王的最后一次刺杀发生在温莎城堡，女王在登上马车时一个男人朝她射击。但是，维多利亚很快告诉自己的儿子，"我没有大碍"。这位叫麦克莱恩的爱尔兰枪手因为心智不健全，被无罪释放。

---

① 19 世纪 50 年代爱尔兰反对英国统治、争取独立的运动。

女儿。日记作家查尔斯·格雷维尔（Charles Greville）写道："……充满慈爱地宠她。"不过，这种关系的意义对维多利亚而言还存在争议。毫无疑问，维多利亚一生缺少父爱，她对外宣称自己"像热爱父亲一样"爱墨尔本。或许，这位少女的情感比较复杂。她对爱情的理解还很陌生，正如她在后来生活中展现的那样，她很容易为充满魅力的男性倾倒。格雷维尔还说明，这位年轻女王此时的感情可能就是爱情，"只不过她自己并不知道"。毕竟，维多利亚是一位尽职尽责、恪守本分的女王。即使她爱慕崇拜自己的首相，也不可能做出什么回应。

登基后一年，维多利亚在威斯敏斯特教堂正式加冕，典礼吸引了前所未有的民众。对参加观礼的民众来说，许多事情尚无定数，维多利亚的伯父们纸醉金迷、挥霍无度，早已丧失民心，君主制在普通民众中已无拥趸。从某种程度上说，这位沉默敬业的年轻女王带来了清新的气象。在加冕仪式过程中，82 岁的罗尔勋爵（Lord Rolle）从台阶上跌倒，维多利亚立即上前扶住他，免得这位老勋爵伤得更重。这一简单友善的举动在公众中引起了轰动，以往的君主从未有这样的善良。维多利亚地位尊崇，临事沉稳，个性鲜明，身虽娇小但品性高贵，于是公众立刻就喜欢上了她。墨尔本也很喜欢她，整个典礼期间都站在她的身旁。

公众对维多利亚评价很高，不过，正像她的前任君主们经历和感受的那样，人们想法的转变也像风一样迅速。维多利亚容易被情绪控制，对墨尔本极为信赖，这让民众对她的认可度急剧下降。

1839 年，维多利亚母亲的侍女弗罗拉夫人（Lady Flora）下腹肿胀，很快谣言四起说她怀孕了，墨尔本没有做任何事情以平息谣言。一

▲ 维多利亚的加冕仪式并不是非常顺利，她将戒指戴错手指，花了几个小时才取下来

方面，维多利亚并不喜欢弗罗拉夫人，她马上怀疑孩子的父亲就是让人深恶痛绝的康罗伊。弗罗拉夫人最终同意去做体检，体检结果表明实际上她得的是肝癌。公众对这个事件极度渲染，维多利亚单纯、温柔的形象不复存在。在弗罗拉夫人的葬礼上，女王的马车被人投击石块，还被当众报以嘘声，当她出现在阿斯科特赛马场（Ascot）时候，人们还称她为"墨尔本夫人"。

▲ 维多利亚和阿尔伯特生养了9个子女

　　墨尔本是维多利亚最珍视的导师，但是他更愿意只说些奉承话，而非告诉她面临的严酷现实。1839年5月，有关墨尔本的弹劾提案在下议院以微弱的一票得到通过，他被迫辞职，他与女王的亲密关系受到沉重打击。维多利亚心烦意乱，她迫不得已，请求托利党人罗伯特·皮尔组建政府。皮尔同意这样做，但条件是要遣散那些具有辉格党倾向的宫廷侍女，将其换成托利党

人。维多利亚已经失去了亲爱的墨尔本，于是拒绝遣散剩下的这些亲密伙伴。在这种情况下，皮尔拒绝出任首相，经过一番劝说，墨尔本留任原职。这时维多利亚在位仅两年，处理政务时情感支配了理性，结果证明这是一个严重的政治错误，人们自然而然将其视作墨尔本的傀儡。这位面容甜美、乐于助人的年轻女孩，在公众眼中已经变成了一个性格固执、为人冷酷的女统治者。

维多利亚需要的是安全感。这并不是说她是一个脆弱的人，事实远非如此，她忍受了多年的孤独，有一个性格和善的人来辅佐她，于她就好像是一位身着闪亮盔甲的骑士前来扶危解难。开始的时候，墨尔本正好契合这个要求，但是他年华老去，正如弗罗拉夫人事件所证明的那样，只要一票他可能就会离开她的生活。维多利亚需要一个更为实在的关系，否则她有可能会失去她的王国，甚至失去自我。维多利亚需要一个丈夫。

维多利亚和阿尔伯特之间的缘分，早在多年前就已经注定了。维多利亚在17岁的时候遇到阿尔伯特，立刻就被他吸引住了。但是，维多利亚不肯轻易踏入婚姻的殿堂，尤其是她刚刚获得独立的自由。1839年晚些时候，阿尔伯特再次来拜访她，女王彻底喜欢上了他。不仅因为他风度翩翩、富有魅力，而且因为他受过良好的教育，这是女王未来丈夫所应具备的基本特质，或许更为重要的是，对于这位脾气暴躁的女王来说，阿尔伯特很有很耐心。5天后，维多利亚追随己心向阿尔伯特提婚。

在女王许多日记中，这段恋情被描绘得像童话故事一样，潇洒的王子让她倾倒。如果事实果真如此，这也是一段充满激情的火热恋情。维多利亚脾气暴躁，阿尔伯特经常觉得自己就是一个受气包。墨尔本经常采用轻松的方式汇报女王想听的话，但是阿尔伯特不一样，他把自己关心的问题，主要是穷人的问题，直截了当地呈现给女王，不管维多利亚感觉多么不适。从这个角度来说，阿尔伯特和墨尔本都是女王的顾问和导师，但是阿尔伯特有一点是首相做不到的，他是维多利亚道德和精神的指引者。

维多利亚和阿尔伯特亲王的关系越来越亲密，势必使她对墨尔本的依赖越来越少。她年轻的时候，墨尔本一直是她可以依靠的肩膀。但是，成年后女王很快就懂得，她还有其他人可以依靠。我们对维多利亚这段经历的理解，来自她记录的一页又一页的日志，但是其中却没有见到对墨尔本的情感记录。我们只能想象，当墨尔本感觉到自己的伙伴和搭档离他而去的时候，他的感受是怎样的。无论是心怀悲伤还是骄傲，他都站在那里，看着维多利亚嫁给另一个人。

维多利亚的婚礼是三百年来英国举行的首位女王婚礼庆典，她打破传统，穿了一件纯白色的厚缎连衣裙，胸部戴着未婚夫送给她的蓝宝石胸针。与加冕仪式那天一样，观礼的民众人潮汹涌，万人空巷。民众欢欣鼓舞，他们大喊着维多利亚的名字，不是由于愤恨，而是出于赞美。阿尔伯特做了很多让人称赞的事情，让民众增加了对维多利亚的好感。他凭借纯粹之心和坚韧之志，克服重重困难，赢得了民众们的热爱。

对维多利亚来说，这一天"是我一生中最幸福的一天"。的确，有阿尔伯特在身边，她感觉自己所犯的那些政治错误及其引发的公愤、质疑终于过去了。此时，维多利亚对未来满怀憧憬，但是女王并不知道，她一生中最大的考验尚未到来，那时她只能一个人独自面对。

在女王许多日记中，这段恋情被描绘得像童话故事一样，潇洒的王子让她倾倒。

维多利亚的权力和影响

维多利亚远非人们描述的那样消极懈怠、不理政务，英国能够成为首屈一指的世界强国，她就是背后的推动力

维多利亚登上王位的时候，英国君主制已经开始摇摇欲坠。整个18世纪和19世纪早期，激进分子的影响越来越强大，其中许多人呼吁取消王权。与此同时，在欧洲及其殖民地，共和政治开始占据上风、影响日盛，先是美国独立运动，后来是法国大革命。自从1688年光荣革命（the Glorious Revolution）以来，英国君主制权力开始逐步衰退，《权利法案》（the Bill of Rights）明确规定，国王或者女王的统治权要在议会的准许下行使。1830年至1832年的改革危机（the Reform Crisis）中，维多利亚的前任威廉四世拒绝通过新的改革法案，引起了民众支持率的急速下跌。英国的君主制要想存留下去，就要接受王室只能发挥仪式性作用、只能在名义上参与国家事务的现实。

所以，威廉四世国王去世后，几乎谁都想不出一个更好的继承者。国王的侄女，来自肯特的亚历山德里娜·维多利亚公主（Princess Alexandrina Victoria of Kent）年仅18岁，身材单薄、皮肤白皙，面带稚气，毫无政治阅历，她与专横跋扈的伯父们完全不同，公众因此很爱戴她。

但是对于这个年轻女孩来说，现实比眼前的情况更加复杂。维多利亚思维敏捷、讲求实际，更重要的是她意志强大。收到伯父去世消息的几个小时之内，她就

维多利亚几乎立刻就摆脱了母亲对她的影响，转而寻求首相墨尔本勋爵的指导。

▲ 童年时期的维多利亚
公主与她的家庭教师

命令自己骄横傲慢的母亲肯特公爵夫人搬到完全
独立的套房中去。维多利亚的这一举动很可能是
受家庭女教师男爵夫人莱岑的怂恿，莱岑认为，
女王应该独立思考，不应受母亲及其盟友的影
响。肯特公爵夫人闻此异常愤怒和失望，其反应
几乎难以掩饰，她声称"我的未来断送了"。她
对新登基的女王的影响到此终结。

在维多利亚统治的前几年，莱岑对女王的私
人生活和政治事务产生了重要而又巧妙的影响。
但是，她并非宫廷中唯一对这位新任君主产生影
响的人物。维多利亚的舅舅、比利时国王莱奥波
德一世，推荐史都曼男爵（Baron Stockmar）进
入白金汉宫，担任年轻女王的顾问，这位男爵同
时也是一个秘使。

莱奥波德希望通过史都曼影响英国的外交政
策，比利时正陷入普法战争的旋涡之中，他担心
双方夹击对比利时不利。因此，他需要跟英国签
订一个条约，一旦发生外敌入侵，英国能保护比
利时的中立地位。莱奥波德常常与女王通信，给
她提供一些鼓励及对外交事务的一般思考和温和

建议，史都曼男爵也是宫里的常客。

不过，这三人的影响如果与另一个人相比
就大为逊色了，这个人自女王登基之始就主导了
维多利亚的生活。他就是威廉·兰姆（William
Lamb），人们更熟知的名字是墨尔本勋爵，此时
他出任英国首相已经3年，因其冷静理智、善解
人意的脾性、个人魅力、英俊的外表而颇有威
望。从一开始，他对女王就尊宠有加，维多利亚
也是投桃报李。在伯父去世那天接见墨尔本的
时候，她就告诉墨尔本，她会一直留用他和他

▲ 1843年，维多利亚与路易斯·菲利普一世国王（king Louis Philippe）登上皇家游艇（Royal Yacht）

的辉格党政府，"这个国家没有谁能比他治理得更好"。

　　随着时间的推移，墨尔本成为女王最信任的顾问，他对女王既有政治家的警醒和尊重，也有作为父辈的温柔照料，两者交融合而为一。他会定期汇报议会中发生的事情，女王在日记中写道："我和大臣之间有诸多交流，每天都有许多文件要签署，每天都有许多事情要做，我很喜欢这份工作。"

　　与此同时，莱奥波德国王的来信越发频繁，越发坚决。欧洲的形势每况愈下，他认为英国的表态支持非常重要。他觉得英国不支持比利时，就是反对比利时。或许给维多利亚施加一点压力，他就能劝服英国签署条约。他在信中写道："善良的陛下，我想让您做的，就是偶尔向您的大臣，尤其是优秀的墨尔本勋爵表示一下，在与英国主权利益一致的情况下，您不希望您的政府率先采取措施，在短期之内给比利时、给您的

墨尔本成为女王最信任的顾问，他对女王既有政治家的警醒和尊重，也有作为父辈的温柔照料，两者交融合而为一。

舅舅和家人带来毁灭。"经过一个星期的深思熟虑之后，女王回复道："的确，我最亲爱的舅舅，如果您认为我对您热烈忠诚的依恋之情、我对您的强烈的感情发生了改变，那您就错了，没有什么东西可以改变它们。"提到外交策略，她使用了冗长而又巧妙的话术，向其表示英国不承担任何责任，她只是向舅舅保证，"墨尔本勋爵和帕默斯顿勋爵（Lord Palmerston）一直都很关注比利时的繁荣和福祉"。

尽管如此，几个月之后，莱奥波德还是再次致信女王，力求获得女王的支持。女王回复说："我亲爱的舅舅，尽管看来您好像不太认可我的政治思考，但是我想，这个问题最好还是不要去扩大和深究，以免后果无法掌控。特别是，我颇感遗憾，每次谈到这个话题我们都不能取得共识。所以，我只能向您表达自己最真诚的祝愿，祝福比利时稳定繁荣。"对话就这样结束了，维多利亚已经表明，英国的外交政策并不属于她的管辖职责范围。考虑到在整个书信交流期间女王展现的敬意与情感，她的做法让人印象深刻。这

▲ 墨尔本勋爵指导年轻的维多利亚女王处理国家事务

种情感软力量在以前的政治外交中很少见到。

1839年，维多利亚的公众支持率急转直下，当时她指责母亲的侍女弗罗拉夫人与母亲的审计官约翰·康罗伊爵士有染。谣言来自弗罗拉身形的变化，但是，几个月之后弗罗拉死于癌症，证明了维多利亚的指责是错误的。维多利亚表达了歉意，不过公众仍非常愤怒，她初登王位时的光环迅速消散。

女王听闻墨尔本及其辉格党政府在下议院辩论中失利，即将辞职解散内阁，更感雪上加霜。议会要求女王召集托利党领袖罗伯特·皮尔组建政府，维多利亚极不喜欢这个人。当皮尔尝试性地建议女王解雇辉格党的侍女，代之以托利党侍女时，女王拒绝了。这次争论就是著名的寝宫侍女危机（the Bedchamber Crisis）。皮尔拒绝组建新政府，墨尔本勋爵继续留任首相。年轻的女王胜利了，但是却丧失了很多民心。

寝宫侍女危机之后不久，维多利亚的表弟阿尔伯特王子来到温莎城堡。女王不知道的是，人的情感发展是如此微妙，一切似乎水到渠成。女王很快就爱上了这位英俊的欧洲亲戚，几天过后她提出希望能与阿尔伯特携手步入婚姻殿堂。阿尔伯特很高兴地接受了，婚礼提上日程。

但是，托利党人再次介入维多利亚的生活，彻底粉碎了女王的幸福美梦。维多利亚为阿尔伯特亲王申请了5万英镑的年金，但是被托利党拒绝，这让维多利亚非常气愤。他们提醒维多利亚，说多数英国百姓仍处于极度贫困之中，每年3万英镑的年金已经足够阿尔伯特亲王使用。女王非常愤怒，发誓说自己的婚礼不会邀请任何一个托利党人。

即便是在婚后，阿尔伯特亲王也没有获得任何实权，无论是在议会还是在自己的家务事上。在王宫当中，男爵夫人莱岑地位显耀，她一直是维多利亚最亲密的顾问，可以经专门通道进入女王卧室，这让阿尔伯特亲王非常讨厌她。直到他们的第一个孩子长公主维多利亚出生，阿尔伯特亲王的处境才有所改善。当他们的孩子在莱岑看护下病情日益加重的时候，阿尔伯特坚持要解雇莱岑，维多利亚很不情愿但只能答应。孩子们的到来也帮助女王重建了声誉，夫妻俩经常让画师以温馨的画风摹绘创作家庭画作，给公众的印象是他们与普通民众并无二致。维多利亚逐渐成为19世纪女性风范的代表，被奉为"国母"。

1841年，托利党掌权，罗伯特·皮尔成为新首相，阿尔伯特劝说女王不要对她的新首相充满敌意。阿尔伯特发现皮尔与自己的观点较为相似，于是开始在政治中发挥更积极的作用。在

欧洲的祖母

维多利亚女王希望能够参与孩子们生活的方方面面，所以许多人将她视为骄傲专横的母亲。事实上，她的意图不仅是为了确保她的子嗣成功，也是为了确保英国国家安全。通过联姻，她的9个孩子遍及欧洲王室，她和这些国家建立了牢固的联系，一旦出现危机，她仍有足够的影响力。

维多利亚，长公主	→	费德里克（Frederick），德国和普鲁士的皇储
阿尔伯特王子（Prince Albert）	→	丹麦亚历山德拉公主（Princess Alexandra of Denmark）
爱丽丝公主（Princess Alice）	→	黑森州大公（Grand Duke of Hesse）
阿尔弗雷德王子（Prince Alfred）	→	俄罗斯大公夫人玛丽·亚历山德芙娜（Russian Grand Duchess Maria Alexandrovna）
亚瑟王子（Prince Arthur）	→	普鲁士路易斯·玛格丽特公主（Princess Louise Margaret of Prussia）
比阿特丽丝公主（Princess Beatrice）	→	巴腾堡（Battenberg）亨利王子（Prince Henry）。

1845 年和 1846 年的内阁危机中，阿尔伯特亲王发挥了主导作用。大家一致认为他才是谈判的真正核心，是完全发挥皇家力量和王权功能的实际控制者。实际上，在皮尔政府末期，阿尔伯特已经成为英国实质上的国王。

从 19 世纪 40 年代开始，维多利亚也积极影响国内外事务，必要时参与调停。虽然她从未否决立法或者对选举结果提出异议，但明显可以看出她对民主的态度模棱两可，当她对大臣们的决议有异议时，她会告知他们。1845 年，爱尔兰遭遇严重的土豆饥荒，女王个人捐款 2000 英镑缓解饥荒，比其他任何个人捐赠都多，这为她赢得"饥荒女王"的美誉。在国际关系上，她对改善英法之间的关系颇为关心，多次组织和主导了英法王室间的互访。

1846 年皮尔辞职，自由党的约翰·罗素勋爵（Lord John Russell）出任新首相。维多利亚发现罗素倔强、固执己见、缺少风度。更糟糕的是，他不能也不愿意阻止外交大臣帕默斯顿的无礼冒失。许多重要的外交急件要么很晚才呈送女王，以致女王没时间修改，要么就是根本不呈送女王过目。就算女王及时看到原稿并做了修改，最终还是以原稿形式寄了出去，根本没理会女王的

▲ 维多利亚女王和首相迪斯雷利拜访他的家乡

▲ 爱国民众购买纪念品，庆祝女王在位50周年

修改意见。维多利亚曾经数次提出解雇帕默斯顿，但是她的请求没得到任何回应。直到1851年，帕默斯顿在没有通知或者咨询英国首相的情况下，私自宣布英国政府支持法国路易·波拿巴总统的军事革命，才最终被解雇。但是不到一年

时间，帕默斯顿又入阁阿伯丁勋爵的内阁。时值克里米亚战争爆发前夕，因为议会内部的分歧，帕默斯顿主动提出了辞呈。

对此，英国民众极为愤怒，他们一直坚信帕默斯顿勋爵能够带领他们赢得这场可怕的战争，

▲ 上千人位列大道两旁，观看女王在位50周年庆典皇家游行

现在他却辞职了。民众急于寻找一个替罪羊，他们发现那个人就端坐于王座之上，那个坐在英国最高权力位置上的外国人。就这样，阿尔伯特被宣布为叛国者，宪法危机随之而来。有传言说阿尔伯特亲王因为叛国罪被捕，被关进伦敦塔。还有人传言女王本人也被逮捕，众多群众聚集在伦敦塔观看他们被监禁。帕默斯顿最终重回内阁，1855年，维多利亚被迫任命他为首相，并认为他是唯一能够带领英国走向胜利的人。

幸运的是，帕默斯顿的脾气已经变得温和多了，1861年12月阿尔伯特意外去世，帕默斯顿就很好地抚慰了女王的情绪。当时维多利亚伤心过度，不想再理国家任何政务。

女王通知帕默斯顿，让首相与自己的女儿或者私人秘书共同处理国家政务。帕默斯顿强烈表示这绝无可能，于是二人达成了一个奇怪的折中处理办法。在枢密院会议上，女王坐在隔壁房间，将两个房间之间的门打开，女王授权书记官，代表她对自己准可的决议争取议员们的同意。

随着时间流逝，女王逐渐回到国家事务中来，她推进南肯辛顿（South Kensington）博物馆的建造，参与讨论军队改革，并对英国的对外扩张充满信心。女王对英国与普鲁士之间的关系颇为热衷，并告诫大臣们不要发动对普鲁士的战争。

1868年，保守党派的本杰明·迪斯雷利出

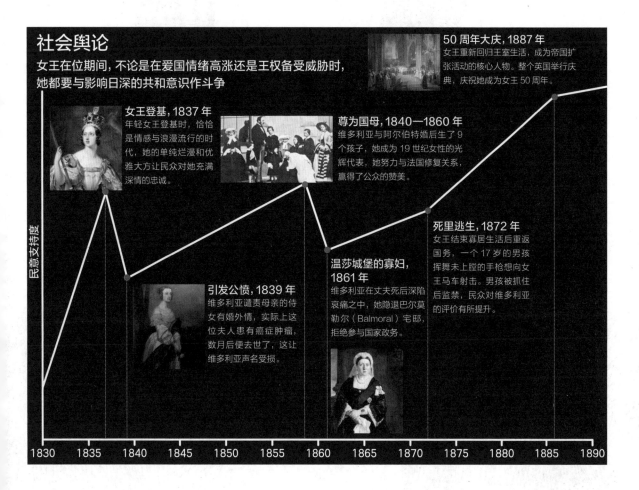

社会舆论

女王在位期间，不论是在爱国情绪高涨还是王权备受威胁时，她都要与影响日深的共和意识作斗争

50 周年大庆，1887 年
女王重新回归王室生活，成为帝国扩张活动的核心人物。整个英国举行庆典，庆祝她成为女王 50 周年。

女王登基，1837 年
年轻女王登基时，恰恰是情感与浪漫流行的时代，她的单纯烂漫和优雅大方让民众对她充满深情的忠诚。

尊为国母，1840—1860 年
维多利亚与阿尔伯特婚后生了 9 个孩子，她成为 19 世纪女性的光辉代表，她努力与法国修复关系，赢得了公众的赞美。

引发公愤，1839 年
维多利亚谴责母亲的侍女有婚外情，实际上这位夫人患有癌症肿瘤，数月后便去世了，这让维多利亚声名受损。

温莎城堡的寡妇，1861 年
维多利亚在丈夫死后深陷哀痛之中，她隐退巴尔莫勒尔（Balmoral）宅邸，拒绝参与国家政务。

死里逃生，1872 年
女王结束寡居生活后重返国务，一个 17 岁的男孩挥舞未上膛的手枪想向女王马车射击。男孩被抓住后监禁，民众对维多利亚的评价有所提升。

民意支持度

1830　1835　1840　1845　1850　1855　1860　1865　1870　1875　1880　1885　1890

任首相，1874 年再次当选，他和女王建立了亲密的关系。在接下来的 6 年中，两人利用这种亲密关系彼此支持和获益。维多利亚一直希望拥有一个帝国的头衔，借以展现英国在全世界与日俱增的威望。印度女皇的头衔，维多利亚在非正式场合已经使用，迪斯雷利则成功地在下议院通过《女皇称号法案》（Royal Titles Bill）。1884 年的《人民代表法案》（Representation of the People Act）让下议院占据优势，在殖民地英国的统治形象一直强大而无可替代，许多人相信"伟大的白人女王"控制着他们的命运。

维多利亚与迪斯雷利的竞争对手、自由党派的威廉·格莱斯通之间的关系却很淡漠。格莱斯

1861 年阿尔伯特去世，维多利亚伤心过度，不想再理国家政务。

通在 1868 年到 1894 年连任四任英国首相。她的最后一任首相是托利党派的索尔兹伯里勋爵（Lord Salisbury），他性格较为温和。1901 年女王去世，他将全国不断增长的财富、公民秩序、帝国扩张都归功于女王。女王坚信，首相只是内阁的临时领袖，而君主则是永远的首席。一些人认为，在维多利亚统治之后的若干年，君主制将会隐入烟尘。

维多利亚女王被迪斯雷利深深打动，她描述说迪斯雷利"充满了诗意、浪漫气质，具有骑士精神"。

▲ 1869年，约翰·坦尼尔（John Tenniel）创作了漫画《抽打》（*Punch*），描绘迪斯雷利在议会上祝贺格莱斯通，但实际上二人背后都各自藏着一把桦树枝，准备随时抽打痛击对方

迪斯雷利和格莱斯通

在维多利亚的生活中，除阿尔伯特外，
还有另外10个男人陪伴过她，就是她的首相们。
其中最著名的两位就是格莱斯通和迪斯雷利，
他们之间激烈竞争，将下议院搞得四分五裂

迪斯雷利和格莱斯通两人初次见面就相互鄙视。本杰明·迪斯雷利（1804—1881）一副绅士派头，衣着考究，穿着时髦，喜欢对艺术高谈阔论，曾创作过言情小说，不过水平备受争议，很爱在宴会上将自己塑造成政治家的形象。威廉·格莱斯通（1809—1898）是一个野心勃勃、恪尽职守的人，喜欢孤芳自赏，不太会照顾别人的感情，熟悉他的人都认为他"自命不凡"。

如果说陈腐浮夸的迪斯雷利是一道难以跨越的河流，那么冷峻的格莱斯通就是一座稳如磐石的大山，在接下来的40年间，他们之间的恩恩怨怨，从点滴愤懑到完全敌对，无可争议地改变了英国及其议会的格局。同一时代的政治家之间，没有谁像格莱斯通和迪斯雷利之间那样矛盾激烈。

第一次对抗是在1835年1月17日的议会上，即将成为资深议员的迪斯雷利被引见给保守党派一些大名鼎鼎的人物，其中就包括声誉日隆的威廉·格莱斯通。迪斯雷利发表了许多轻慢之语（他写道，自己在会上碰到的最有趣之事就是看到了一个装模作样、附庸风雅的人；而格莱斯通则对迪斯雷利的古怪着装嗤之以鼻），两人相互之间毫不欣赏。第二次见面则给彼此留下了伤疤，至死没有和解。

1841年首相大选（General Election）中，因组建伦敦警察（Metropolitan Police）机构而蜚声在外的罗伯特·皮尔勋爵第二次当选英国首相，他对格莱斯通的回报是让其担任贸易委员会主席。而迪斯雷利则两手空空，他对妻子说"彻

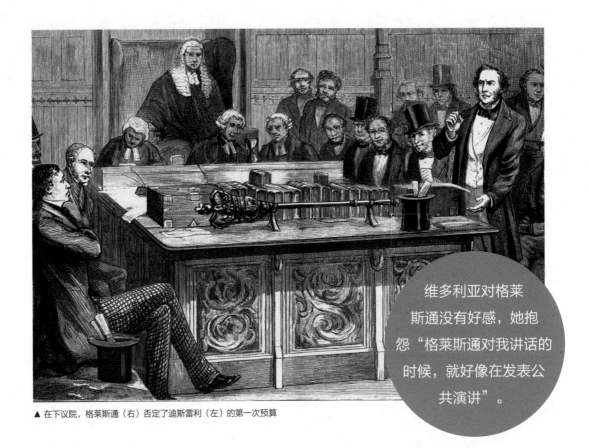

维多利亚对格莱斯通没有好感，她抱怨"格莱斯通对我讲话的时候，就好像在发表公共演讲"。

▲ 在下议院，格莱斯通（右）否定了迪斯雷利（左）的第一次预算

> 他们之间的恩恩怨怨，从点滴愤懑到完全敌对，无可争议地改变了英国及其议会的格局。

底失败了"。

1845年，迪斯雷利展开报复计划。当时爱尔兰遭遇饥荒，皮尔决定废除《谷物法》。这部特别法律通过加收更多的进口税，来达到保护英国谷物的目的，如此让托利党派地主获得了竞争的优势，但是在皮尔看来，避免爱尔兰海两岸的内部骚乱，比保障自己保守党派同僚的既得利益更为重要。

没有证据表明迪斯雷利特别关注过《谷物法》，因为他毕竟出生于大城市作家的家庭，很可能连麦田和水仙花田都分不清楚。但是，他充分利用了恰巧出现的党内龃龉和裂痕。于是，在

此时已经具有一定知名度的迪斯雷利的重创下，首相皮尔威望大大降低。虽然《谷物法》最终被成功废除，但是迪斯雷利的恶意伤害让皮尔深以为耻。尽管还有很多忠诚的拥护者支持皮尔，包括格莱斯通在内，但他还是离开了自己创建的政党，托利党内阁政府下台。

保守党派竭尽全力，希望"皮尔派"重返内阁，格莱斯通也不例外，但是皮尔拒绝了，他认为迪斯雷利的行为超出了他的底线，他退出政坛回到了乡下的庄园。那些平平无奇的下议院议员难堪大任，新任保守党派领袖德比伯爵（Earl of Derby）爱德华·斯坦利（Edward Stanly）只能

依靠精明的迪斯雷利——迪斯雷利是一流的演说家，颇有政治手腕。1852年保守党重新执政，迪斯雷利担任财政大臣，这一任命让格莱斯通大为光火，怒气冲冲地拂袖而去。

迪斯雷利的预算制定非常混乱，缺乏整体统筹，颇有拆东墙补西墙的味道，但是他很有政治手腕，用攻击政治竞争对手的方式来对付这些质疑自己的下议院议员。下议院议员约翰·布莱特（John Bright）写道："辩论、讽刺、挖苦、谩骂，无所不用其极，都是一流水准。"

如此这般，下议院势必会四分五裂，不过格莱斯通想到了解决之法，诉诸下议院议会厅首相问答箱，他的发言铿锵有力，"让保守党派议员知道，他们的领袖正在迷惑和蒙蔽他们"。他将

> 格莱斯通喜欢在伦敦街上徘徊，"挽救"妓女，鼓励她们改变自己的生活方式。

迪斯雷利对经济的一窍不通批驳得体无完肤，同时将自己塑造成一个精通财政经济的行家里手。迪斯雷利的财政预算以19票之差被否决。德比保守派政府垮台。格莱斯通颇有女人缘，他对自己的一位女性崇拜者说道："让下议院中自己的竞争对手颜面扫地，有时候也没有那么让人不可接受。"

左翼自由党是一个新的党派，由皮尔派内部的不同分派构成，跟辉格党和激进派相对立。左翼自由党当政后，由格莱斯通担任财政大臣。这是对皮尔《谷物法》被废之辱的回应，但是格莱斯通绝不会止步于此。

根据传统，即将上任的财政大臣需要付给即将离任者一大笔款项，来支付唐宁街11号日用家具的损耗，但是格莱斯通刻意刁难，拒绝支

"And put in every honest hand a whip
To lash the rascal naked through the world."

▲ 格莱斯通追打一只长有迪斯雷利面孔的狗。惠康基金会（Wellcome Trust）提供

51

付。迪斯雷利则以牙还牙，拒绝将财政大臣的礼袍传递给他，而是将礼袍带回了家。

格莱斯通与其前任不同，他是一位精通经济工作的财政大臣，绰号为"人民的威廉"。他降低进口税，降低面包价格，降低报纸税或者严格地说叫"知识税"，从而获得广大民众的支持。当格莱斯通因丑闻丧失尊崇之位的时候，迪斯雷利落井下石，将其彻底从权力中心排挤走。

对那些不择手段的政治骗术，格莱斯通并不像竞争对手迪斯雷利那样烂熟于心，更不会先知

迪斯雷利的犹太人出身
迪斯雷利击败信仰歧视，维护自己的光荣出身

迪斯雷利是出生于意大利的塞法迪犹太人（Sephardic Jews），他的父母是艾萨克·迪斯雷利和玛莉亚·迪斯雷利（Isaac and Maria D' Israeli）。小本杰明（后来他略去了名字中的撇号）12岁的时候，父亲和犹太会堂闹翻，因此他改信了基督教。然而，在迪斯雷利所生活的那个喧嚣时代，反犹主义从未消失过，这就让他身居政府高位变得更为引人注目。

迪斯雷利初涉政坛时，曾经有人用棍子挑着一块猪肉在他鼻子底下晃来晃去挑衅他，但让人称赞的是，迪斯雷利连眼睛都没眨一下。后来，格莱斯通在演讲时经常揪住迪斯雷利犹太人血统这一点，出言讥讽，"犹太人本杰明，托利党领袖""他把英国的外交政策，当成了他们犹太人可以做的买卖"。

·迪斯雷利进入下议院的时候，当时规定只有基督徒才能成为议员。虽然迪斯雷利并非出生时就信仰基督教，不过他仍竭力争取废除"犹太法案"，这样他的朋友莱昂内尔·德·罗斯柴尔德男爵（Baron Lionel de Rothschild）就可以参加竞选。但是，提案遭到激烈的反对，通过的时候，罗斯柴尔德拒绝了议会席位。

尽管一直遭受歧视偏见的影响，迪斯雷利依然很为他的犹太血统感到骄傲，他在一个评论中这样说道："当各位尊敬的阁下的祖先们还在一个无名小岛茹毛饮血的时候，我的祖先已经在所罗门的圣殿里供职祭司了。"

先觉。直到维多利亚女王对他委以新任时，他才意识到自己将被赶出下议院。在格莱斯通导师阿伯丁勋爵的干预下，格莱斯通才从希腊岛的泥潭中抽身出来，在女王面前此事才算罢休。但是，格莱斯通要东山再起就得从头做起。他到英格兰的各个城市巡回演说，在广大公众面前一次次发表演说，这还是他首次做这样的事情。或许，他

不太能洞悉迪斯雷利那些并不算高明的阴谋诡计，但是比起这个死对头，他赢得了更多人的认可。

虽然格莱斯通的政治手腕比较保守，1864年时他借助活动宣传自己的政治纲领争取选票，人们对此做法议论纷纷，导致他失去了富裕的牛津地区的支持，但是他仍然坚定地为南兰开夏

迪斯雷利创作了18部小说，其中最后一部未完成。1845年出版的《西比尔》（*Sybil*）位列《卫报》百部最佳小说之一。

郡（South Lancashire）工人阶层的利益呼吁。作为一个不被看好的改革家，格莱斯通在曼彻斯特向6000名民众发表演说，激情四溢，他在自由贸易大厅（Free Trade Hall）高喊"最后，我亲爱的朋友们，我来了，来到你们中间，我在这里……畅所欲言"。

很自然，迪斯雷利让格莱斯通进行选举改革的努力付之东流。

1867年的《人民代表法案》颁布之前，在英国700万成年男性中只有100万人能参加选举，当时规定周薪超过26先令的男性有资格参加选举，这一规定将选举权限制在了中产阶级范围。但是法案通过之后，任何一个能够负担起房产税的人都能参与选举，因此有选举权的人数增加了两倍。

1868年，德比因健康问题退出选举，迪斯雷利成为所在党派的最终首相候选人。格莱斯通对此前所受屈辱再次进行了反击，他率领反对党投票否决了少数派的托利党政府。迪斯雷利号召举行首相大选，妄图获得议会大多数席位，不过选民们认为他只不过是虚张声势罢了。具有决定意味的是，工人阶层许多人都有投票权，他们要回馈的不是这个精明自私的工人选举权发起者，而是真正让这项选举权实施的推动者格莱斯通。格莱斯通取代迪斯雷利，出任英国首相。

格莱斯通随后三次任英国首相，迪斯雷利又任一次。在这个过程中，他们一直激烈对抗，枪来剑往，在接下来的13年里没有停息。

格莱斯通的改革终结了军队中官阶鬻卖的问题，他容许不同宗教信仰者进入大学，还推出了

他们引发了重塑20世纪英国的改革运动。

公务员考试，规避了裙带关系和特权庇护。另一方面，迪斯雷利扩大了英国的疆域，为他的君主赢得了印度女皇的称号，将英国推到欧洲政治舞台的中心。格莱斯通就饱受争议、引发灾难的阿富汗和南非战争问题，猛烈抨击迪斯雷利，而迪斯雷利则通过前所未有的激进的社会改革，将作为自由党人根基的工人阶级抛掷一边。

实事求是来说，二人都是杰出的政治家，他们的画像就悬挂在唐宁街11号，熠熠生辉。伦敦威斯敏斯特教堂的石墙上，他们的雕像赫然在列，于无声处彼此仿佛仍在进行着斗争。

从政治史角度来说，他们通过在议会厅案头所置的首相问答箱进行了一系列针锋相对的激烈辩论，这种政治实践引导了市政厅积极参与选举政治，这一切至今依然诠释着英国的政治制度。从英国史角度而言，二人持续40年的龙争虎斗，互有胜出，引发了重塑20世纪英国的改革运动，拓宽了民主之门，削弱了等级制度，为现代精英领导体制的发展奠定了基础。

迪斯雷利在回忆他这个竞争对手时说道："他就是个自命清高的人，这些自命清高的人一直都同病相怜。这些人认为他就是一个天选之人。"1881年，迪斯雷利去世，格莱斯通拒绝参加他的葬礼。这位自视清高的人在自己的日记中写道："他活着的时候就是行尸走肉，他所有的表演，都缺少真实性。"

自由党与保守党

起源和遗产

自由党成立于1859年，其成员主要为支持前任首相罗伯特·皮尔的保守党派的下议院议员，以及议会中年长的辉格党和激进派的一些成员。自由党最终于1988年解散，与社会民主党（Social Democratic Party）合并，构成了现在的英国自由民主党（Liberal Democrats）。

保守党正式成立于1834年，由罗伯特·皮尔勋爵在保卫王权、英格兰教会及上议院时创立，是保皇党人辉格党派[绰号为"王党保守党"（Tories）]的独立派别，保守党一直同名延续至今。

支持者

自由党作为改革派，吸引了广泛的支持者，这些支持者或者是认为自身利益未获下议院议员代表的人，或者是希望看到国家经济和政治生活能出现重大改变的人，也就是说从工人阶级到中产阶级，从富有产业家到爱尔兰天主教徒，都支持自由党。

保守党的传统支持者，例如之前的辉格党人，有贵族、乡村地主及英国神职人员。但是选举法修改后，罗伯特·皮尔勋爵及其继任党派领袖，包括迪斯雷利在内，都尽力利用社会改革赢得了日益扩大的中产阶级的支持。

帝国

自由党反对海外用兵，他们总体上认为英国靡费巨资出兵他国是愚蠢的行为，但是作为一个"超级帝国"又无法避免。自由党派竭力在欧洲推行法治，投票反对维多利亚女王担任印度女皇的议案。

保守党派支持帝国的全球扩张战略，其结果好坏参半。他们攫取了苏伊士运河的所有权，为维多利亚女王赢得了印度女皇的头衔，进行了灾难性的英阿战争（Anglo-Afghan War），打败了非洲的祖鲁人。

爱尔兰

尽管自由党内部对爱尔兰自治（Irish Home Rule）的观点不一，但1868年他们还是在"正义爱尔兰"的口号下进行组阁。自由党执掌内阁后，着手提高佃农的权利，削减爱尔兰圣公会（the Anglican Church in Ireland）的不公特权，并且给予农民选举权。

保守党反对爱尔兰自治，认为这种地方自治是对联合王国的威胁。因此，他们自然与爱尔兰富裕地主及爱尔兰英国圣公会同属一个阵营，这些富裕的地主很多就住在英格兰。在这座多数人口为罗马天主教徒和长老会教徒（Roman Catholic and Presbyterian）的小岛上，占人口少数的圣公会有着不俗的财富和影响。

经济

自由党致力于降低税收，提倡政府尽量少干预经济，要大力推行自由贸易。他们提议除小部分奢侈品之外，大部分商品应当免收进口税，这一措施刺激了经济的发展，工人阶层购买消费品的能力也大大加强了。

保守党下议院议员或者保守党的支持者们，向来拥护英国产品应享受贸易保护的政策，这是显而易见的优惠，因此他们支持《谷物法》。但是，当党内领袖试图废除《谷物法》，引入更多的竞争，侵犯他们利益的时候，他们就投反对票反对自己的领袖。

工业革命

工业革命的第二阶段是技术革命，发明精神高涨，工业蓬勃发展

工业革命时间线

▲ 布莱德利最早开凿的布里奇沃特高架渠，横跨艾威尔河（the River Irwell）

最早的交通系统 英国，1761 年

工业革命时代来临后，重型货物运输需求尤为迫切。长途货运驳船需要足够深的河流方能航行，运河就此应运而生。布里奇沃特公爵（Duke of Bridgewater）雇用实习工程师詹姆斯·布莱德利（James Bridley）开凿运河，将兰开夏郡开采的煤运到曼彻斯特。运河 1761 年开通，运力提升立竿见影。人们开凿了越来越多的运河，形成了一个运河网络，将英国重要的工业中心连接在一起。

伊特鲁里亚工厂 英国，1769 年

具有革新精神的陶器商人和废奴主义者约西亚·韦奇伍德（Josiah Wedgwood）在特伦特和墨西河运河（Trent and Mersey Canal）沿线建立了伊特鲁里亚（Etruria）工厂。虽然当时各方面条件还不完善，但是韦奇伍德看到了运河的运力价值，借助它可以将工厂生产的产品运出去。在工厂内部，韦奇伍德推行提高产量的高效方法。他对制陶技术中拉坯、塑形、烧制、上釉等流程进行了分解，将每个步骤分给专业工人负责。这就是"劳动分工法"，后来，诸多产业都效仿这种生产方法。

▲ 著名的陶器商人约西亚·韦奇伍德

▲ 对机器发泄怒火：破坏机器的卢德分子

卢德分子暴乱（The Luddite Riots）
英国，1811—1815年

工业革命带来了变革，也带来了动荡的局面。由于机械动力革新，很多技术工人面临失业，他们闯入工厂，砸毁机器。根据猜测，充满神秘色彩的内德·卢德（Ned Ludd）是这些卢德派分子的领袖。暴乱情况非常严重，政府颁布法令，破坏机器将被判处死刑。

▲ 先锋摄影师亨利·福克斯·塔尔伯特（Henry Fox Talbot）拍摄的"大不列颠号蒸汽船"，这可能是船只类的首张照片

布鲁内尔的大不列颠号 英国，1843年

土木工程师伊桑巴德·金德姆·布鲁内尔（Isambard Kingdom Brunel）一生成就不凡，其中最精彩的成就是他设计了"大不列颠号蒸汽船"（SS Great Britain），该船被认为是现代轮船的先驱，它第一次将造船三要素即金属船体、引擎动力、螺旋桨推进结合在一起。大不列颠号1843年下水，到1854年之前一直都是服役时间最长的客船。这艘船存留至今，是布里斯托尔（Bristol）的重要景观。

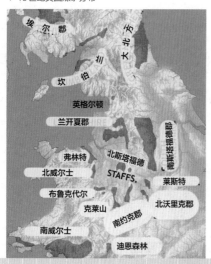

▼ 19世纪英国煤矿分布

地图标注（自上而下）：
埃尔郡、大北方、坎伯、英格尔顿、兰开夏郡、弗林特、北威尔士、北斯塔福德 STAFFS.、布鲁克代尔、南斯塔福德郡、莱斯特、克莱山、南约克郡、北沃里克郡、南威尔士、迪恩森林

工业革命的燃料 英国，1900年

蒸汽机数量和冶炼高炉数量逐年增长，对煤炭的需求也开始猛增。英国采煤业供应丰富，但是要扩大再生产，就要从地表开采转入深层开采。煤炭开采属于危险作业，矿主经常残酷地剥削包括妇女和儿童在内的矿工们，直到1842年《煤矿法》颁布，情况才有所改善。煤炭产量仍持续攀升，1800年采煤一千万吨，到1900年飙升至两亿吨。

高炉炼铁
亚伯拉罕·达尔比（Abraham Darby）发明了以焦炭为燃料的高炉炼铁法，冶炼铁矿石的成本变得越来越低，生铁产品的产量迅速提高。
1709年

纺织飞梭
毛纺厂经理约翰·凯（John Kay）发明了飞梭。这项发明让机械纺纱代替了手工纺纱。
1733年

德国伍珀塔尔（Wuppertal）早期工业博物馆（Museum of Early Industrialisation）收藏的珍妮纺纱机模型

珍妮纺纱机
珍妮纺纱机的发明实际应归功于詹姆斯·哈格里夫斯（James Hargreaves）。
1764年

蒸汽机大放异彩
瓦特和马修·博尔顿（Matthew Boulton）合作，在英国伯明翰制造蒸汽机。
1774年

走锭精纺机
塞缪尔·克朗普顿（Samuel Crompton）将珍妮纺纱机和水力纺纱机的功能融为一体，制造出更为高效的走锭精纺机。
1779年

创立现代工厂
理查德·阿克莱特看到了瓦特蒸汽机的巨大潜力。他是最早采用蒸汽机动力开展生产的棉纺厂厂主。
1786年

理查德·阿克莱

时间轴：1709 | 1720 | 1750 | 1760 | 1770 | 1780

蒸汽机
托马斯·纽可门（Thomas Newcomen）研制了大气式蒸汽机，这是最早获得商业成功的机器，借此可从深矿井中往外泵水。
1712年

纽可门蒸汽机图示

水力纺纱机
理查德·阿克莱特（Richard Arkwright）与他人合作，申请了水力纺纱机专利，这种纺织设备由水轮推动。
1769年

詹姆斯·瓦特（James Watt）
苏格兰发明家瓦特改良纽可门发明的蒸汽机，增加了独立压缩室，设计出一款更为高效的蒸汽机。
1769年

詹姆斯·瓦特

自我革新的瓦特
詹姆斯·瓦特经过不断实验，进一步改良蒸汽机，将蒸汽机直线往复运动改为圆周运动，大大提高了机器的功效。
1781年

改进纺纱机
发明家埃德蒙·卡特（Edmund Cartwright）带来了纺织的又一项革新，设计造了蒸汽动力纺纱机。
1785年

▲ 第一列客运列车

火车承担运力 英国，1830年

从利物浦到曼彻斯特的铁路长56千米（35英里），这是英国第一条投入运营的铁轨线路。铁路于1830年开通，运送对象是乘客及货物。工业城市曼彻斯特与海港城市利物浦之间的货运和原材料运输，因这条铁路的开通变得更为便捷高效，运河运输航线走向终结。

第一台计算机 英国，1837年

工业革命时期有许多机械设计最终都未能付诸实践。或许，当时未获实践成功但最让人震惊的设备就是查尔斯·巴贝奇（Charles Babbage）的分析机（机械式通用计算机）。他设想研发出由巨型黄铜管构成、蒸汽推动的机械数字计算机。直到很久以后，现代计算机设计工程师才进行开发，显然，他们所有的工作巴贝奇早已想过。

▲ 伦敦科学博物馆展出的巴贝奇分析机部件

维多利亚时代

惠及世界
美国伊莱·惠特尼（Eli Whitney）发明轧棉机，该机器能将棉籽从棉绒中分离出来，这些工作以前纯由手工完成。
1794 年

稀世天才
迈克尔·法拉第（Michael Faraday）发现了电磁感应现象。他的研究证明电能够获得实际技术应用。
1831 年

迈克尔·法拉第

钢铁巨人
发明家兼工程师亨利·贝西默将生铁冶炼成钢，成本得以大幅度降低。
1856 年

璀璨的灯光
多产的发明家托马斯·爱迪生将灯泡改进成为可靠持久的光源。其发明的整个电力供应系统紧随其后投入使用。
1879 年

爱迪生最初展示的灯泡

莱特兄弟的发明
威尔伯·莱特和奥维尔·莱特兄弟（Wilbur and Orville Wright）共同发明了可操控动力飞机。奥维尔驾驶他们的飞行器飞行了 12 秒。
1903 年

1790　1800　1820　1840　1860　1880　1900　1908

斯温西（Swansea）国家海滨博物馆（National Waterfront Museum）的特里维西克机车复制品

蒸汽机车
理查德·特里维西克（Richard Trevithick）展示"喷气魔鬼"号（Puffing Devil）蒸汽机车 3 年后，在威尔士钢铁厂轨道上，蒸汽机车投入运行。
1804 年

速度为先
乔治·史蒂芬森（George Stephenson）之子罗伯特·史蒂芬森（Robert Stephenson）用他的"火箭"号蒸汽机车赢得了速度试验赛的胜利。
1829 年

缝纫机
艾萨克·辛格（Isaac Singer）改进伊莱亚斯·豪（Elias Howe）的锁缝缝纫机，发明了真正实用的、成功的缝纫机。
1851 年

远距离通话
以利沙·格雷（Elisha Gray）曾自称为电话的发明者，但实际上，这一殊荣应归于苏格兰出生的科学家亚历山大·格雷海姆·贝尔（Alexander Graham Bell）。
1876 年

鼓励的力量
德国机械工程师卡尔·奔驰（Karl Benz）在妻子博尔莎（Bertha）的鼓励下，研制出第一辆内燃机驱动的实用型汽车。
1885 年

1885年奔驰汽车

批量生产批量消费
亨利·福特制造了 T 型汽车。流水线大规模批量生产，成本降低，让许多人都能买得起汽车。
1908 年

大宗钢材生产 英国，1865年

平炉炼钢法大幅改进贝西默（Bessemer）的转炉炼钢法后，钢材产量大大增加。平炉炼钢技术由卡尔·威尔海姆·西门子（Carl Wilhelm Siemens）设计，皮埃尔-埃米尔·马丁（Pierre-Emile Martin）研发，方便控制和回收大量废钢重新熔炼。大宗钢材借助西门子-马丁的技术方法得以生产，钢材在建筑领域进一步大显身手。

▲ 德国出生的工程师卡尔·威尔海姆·西门子，主要在英国工作

工业时代

从1840年开始，工业革命进入到第二阶段技术革命，
预示着全新的钢铁时代、铁路时代和电气时代的到来

伴随着新女王的登基，一个旧的时代结束了。第一次工业革命让人们的家庭和工作生活发生巨大变化，日新月异成为常态，英国的风貌永远改变了。现在的英国，已非片片农田的乡村和祖祖辈辈劳作的农场，维多利亚时代的英国俨然成为一个繁荣发达的工业大中心。

纺纱机的发明改革了纺织品的生产，棉纺厂在全英国遍地开花。蒸汽机的发明解决了机器水力动力的局限性，这意味着各处都可以兴建工厂，工厂主可以选择城市建厂。工人从乡村拥入城市，寻找工作机会，城市以前所未有的速度获得发展。从1801年到1850年，曼彻斯特和谢菲尔德（Sheffield）的城市规模扩大了4倍，布拉德福德（Bradford）和格拉斯哥扩大了8倍。

对蒸汽动力的全新需求，引发了对煤炭的更大需求。煤炭开采深入地下，产量从1700年的270万吨，增长到1850年的5000万吨。蒸汽火车已经到来，它们将煤炭从煤矿运走，将原材料运进工厂大门，英国发展势头迅猛，远超世界上其他地区，有登峰造极之势。

一场新的革命即技术革命，正在酝酿。冶金领域的发展意味着钢铁生产的成本大幅降低。英国国内条条铁路蜿蜒而过，大型运货桥梁遍布各地，将从前的不可能变成可能。造船业蓬勃发展，新材料和新技术意味着现在建造的船只可以胜任大西洋上漫长危险的征程。一位名为迈克尔·法拉第的英国科学家成就了人类历史上最伟大的发现之一，他发现将一根电线穿过磁场，可以产生电动势。该定律被称为"法拉第定律"，这就创造了一个不用燃煤推动而用电能驱动新世界的可能性。到维多利亚时代末期，英国已经进入电气化时代。

纺纱机的发明变革了纺织品的生产状况，棉纺厂在全国遍地开花

19世纪50年代，贝西默钢材应用推动了经济的增长，其他工业也随之获得长足发展。

铁、铁路和布鲁内尔的轨距之争

绵延数英里的铁路线沟通了城市与乡村的距离，英国沉浸在建造铁路的疯狂运动之中

第一次工业革命见证了熔化煤炭的新方法，采用这种方法生产的焦炭生铁可以制造铁罐和铁壶这样的铸铁产品，后来生铁应用于建筑业。这种方法变革了冶金业，不过其生产过程效率比较低下，难以大规模推广。1828年，苏格兰发明家詹姆斯·博蒙特·尼尔森（James Beaumont Neilson）申请了一项热鼓风技术设计专利，大大减少了生产过程中所需要的燃料体量。生产火车机车这类产品需要的熟铁成本也随之降低，因此19世纪30年代的铁路建设得以蓬勃发展。

19世纪早期，蒸汽机车已经出现，主要用来运输煤炭和货物。1825年，最早针对客运的蒸汽牵引机车铁路斯托克顿达灵顿（Stockon and Darlington）铁路开通。1830年世界上第一条城际铁路开通，连接利物浦和曼彻斯特。后来，彻底改变铁路客运旅行的大西部铁路开始兴建，其第一段在维多利亚登基一年后竣工。

大西部铁路项目由布里斯托尔的商人们策划修建，他们要确保布里斯托尔成为全英第二重要港口，成为与美国贸易交往的主要城市。他们认为，接下来就是建造连接布里斯托尔和伦敦之间的铁路，超越北方在建的铁路。

大西部铁路工程由年轻的伊桑巴德·金德姆·布鲁内尔负责，他一直担任由其父亲马克负责的泰晤士河隧道（Thames Tunnel）工程的助理工程师。大西部铁路工程是当时有记录的布

▲ 工人拆除普利茅斯的宽轨铁道，因为议会支持标准铁轨

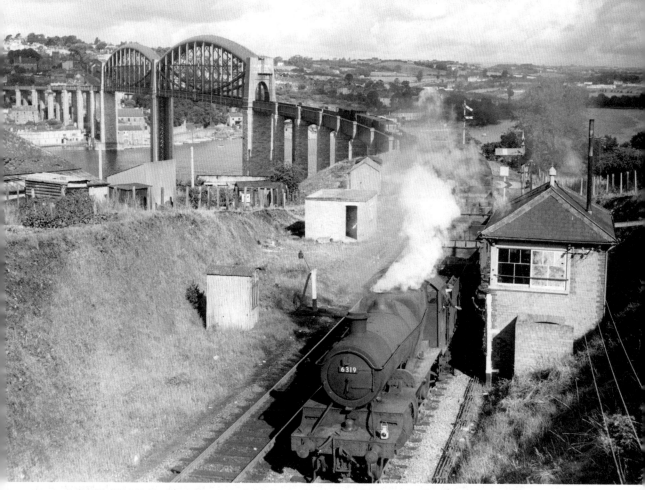

▲ 皇家阿尔伯特大桥（the Royal Albert Bridge）由伊桑巴德·金德姆·布鲁内尔建造，这是他最后一件也许是最伟大的杰作

鲁内尔最重大的项目，工程饱受各种争议困扰。争议最大的是，布鲁内尔在修建铁路时采用了7.25英尺（2.140米）轨距即宽轨距。他这样做是考虑在将来的铁路旅行中，可以预见高速运行的火车会采用更宽更低的车厢以减少空气阻力。但是，伯明翰和格洛斯特铁路（Birmingham and Gloucester railway）此前采用的标准轨距是4英尺8.25英寸（1.435米）。当这条铁路线最终和宽轨布里斯托尔和格洛斯特铁路线对接时，所有在北部和西南部间运载的乘客和货物不得不半路换车。这一问题引发了"轨距之争"，最终发展到提交议会一辩雌雄。

1846年，英国政府颁布法令，肯定标准轨距，规定西南线路之外的所有铁路轨距不能采用布鲁内尔的设计修建。随着时间流逝，根据宽轨标准建造的铁路线都被更换了。到1892年，宽轨铁路完全退出历史舞台。

大西部铁路的设计虽然缺少革新，但是它的确改变了铁路旅游，开创了铁路旅游的新时代。伦敦人汇聚西南部地区，欣赏那里的美丽沙滩，体验慢节奏的生活方式。软垫座椅、扶手和封闭式车厢很快成为火车标准配置，票价也很便宜，观光列车可以搭载乘客去往旅游热点地区，或者去参加1851年的世界工业博览会。铁路甚至还会建在地下，伦敦地铁也就此诞生。

在19世纪末，英国几乎所有城镇都建有火车站，新鲜的农产品可以运往全国，伦敦印刷的报纸一天之内也会到达爱丁堡。铁路为英国人开启了全新的生活方式，这种方式延续了一个多世纪。

▲ 布鲁内尔是策划连接伦敦与布里斯托尔的西部大铁路的工程师

▲ 到19世纪末，英国几乎所有城镇都建有火车站

热鼓风过程

将吹入鼓风炉内的气体预热，
可以大幅降低燃料消耗，铁产量得到提高

1. 装料口
铁矿石、焦炭或石灰石被装入鼓风炉中，
通过装料口倒入鼓风炉。

4. 热空气
鼓风炉中的热空
气被排出，将锅
炉加热。

2. 锅炉
锅炉将空气预热到摄氏150
度，然后吹入鼓风炉。

3. 化学反应
热空气与焦炭发生反应，产生二氧化
碳。二氧化碳与更多的焦炭发生反应，
产生一氧化碳。

5. 铁水
一氧化碳和铁矿石发生反应产
生铁水，铁水慢慢流入鼓风炉
底部。

大西部铁路的确改变了铁路
旅游，开创了铁路旅游的新时代。

钢材和造船业

亨利·贝西默的炼钢方法改变了英国的建筑业

尽管早期的枕木铁路进行了改进，但是熟铁制造的铁轨还是不够坚韧，难以承载沉重的车头。生产低质磨砂钢虽然可行，但是过程很难控制，质量也参差不齐。生产高质量的钢材则不仅造价昂贵，而且耗时较长。直到1856年，英国发明家亨利·贝西默申请了一项设计专利，大规模钢材生产才降低了成本。该设计的重要原理是向铁水中吹入空气，通过氧化过程去除铁中的杂质。这一氧化过程提高了铁的温度，使其能够保持熔融状态。

19世纪60年代，随着贝西默炼钢方法的推广，钢材的产量迅速增长，钢材最终以极具竞争

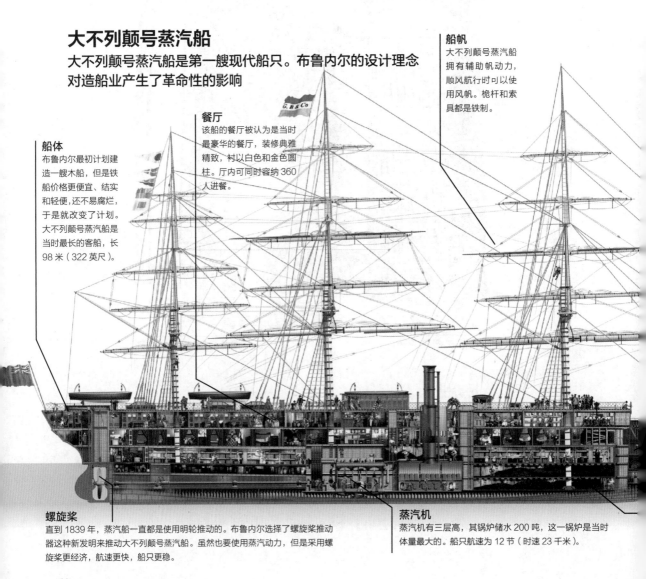

大不列颠号蒸汽船
大不列颠号蒸汽船是第一艘现代船只。布鲁内尔的设计理念对造船业产生了革命性的影响

船帆
大不列颠号蒸汽船拥有辅助帆动力，顺风航行时可以使用风帆。桅杆和索具都是铁制。

餐厅
该船的餐厅被认为是当时最豪华的餐厅，装修典雅精致，衬以白色和金色圆柱。厅内可同时容纳360人进餐。

船体
布鲁内尔最初计划建造一艘木船，但是铁船价格更便宜、结实和轻便，还不易腐烂，于是就改变了计划。大不列颠号蒸汽船是当时最长的客船，长98米（322英尺）。

螺旋桨
直到1839年，蒸汽船一直都是使用明轮推动的。布鲁内尔选择了螺旋桨推动器这种新发明来推动大不列颠号蒸汽船。虽然也要使用蒸汽动力，但是采用螺旋桨更经济，航速更快，船只更稳。

蒸汽机
蒸汽机有三层高，其锅炉储水200吨，这一锅炉是当时体量最大的。船只航速为12节（时速23千米）。

力的价格优势广泛应用于铁路建设。与之前采用的铁轨相比，钢轨持续使用的年限增加了十多倍，也可以承载重量更大、动力更强的机车，这样的机车可以牵引更多的车厢进行客运或货运。短期之间，铁路生产力急速增长，铁路成为整个工业化世界中最主要的运输方式。

英国先进工业技术的发展，使其得以主导国际贸易市场。英国政府清楚，要想操控和保持自己成功的贸易帝国地位，必须确保自己的船舶航运服务快捷、可靠和稳定。

造船业早期的发展，例如1835年螺旋桨的发明，大大提高了船舶的航速和耐力，表面冷凝器的发明也让锅炉能在未获及时清理的情况下保持动力继续航行，这就使船舶进行海上长途航行成为可能。最早使用蒸汽动力穿越大西洋的船只是萨瓦那号（Savannah），时间是1819年，这艘美国船耗时633小时，从佐治亚航行到利物浦。布鲁内尔看到竞争对手在工程方面取得的斐然成绩，就极力游说，他认为跨大西洋航运是铁路系统向外拓展的必然之举。

从某种程度上来说，布鲁内尔是为了超越美国人，才决心在1838年推出大不列颠号蒸汽船计划的，他计划建造世界上最长的船只，长度236英尺（72米）。7年后，大不列颠号蒸汽船下水，被认为是维多利亚时代早期最具革新性的船只。

为了提高航速和舒适度，大不列颠号蒸汽船建造材料选择了金属而非木料，动力使用蒸汽机而非风帆或者船桨，采用螺旋桨而非明轮推动。船舱和大厅能容纳360名乘客，餐厅的豪华程

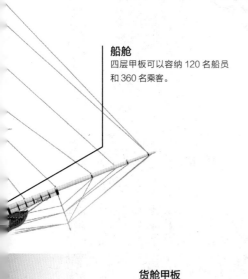

布鲁内尔的工程构想和革新精神，让建造全金属船体、螺旋桨推动的大型蒸汽船成为现实。

船舱
四层甲板可以容纳120名船员和360名乘客。

货舱甲板
大不列颠号蒸汽船虽然为客船，但也能运载1200吨货物和等重的煤炭。

度史无前例。到 1853 年，大不列颠号蒸汽船一直承担从伦敦到澳大利亚的客运服务，持续将近 20 年。

布鲁内尔的工程构想和革新精神，让建造全金属船体、螺旋桨推动的大型蒸汽船成为现实。1860 年到 1870 年之间，造船业迅猛发展。仅在克莱德班克（Clydebank）一地就有 80 万吨的铁船开工建造。从 19 世纪 70 年代开始，钢材取代了熟铁，人们可以建造更轻便的船只，航速变得更快。英国皇家海军大胆走出第一步，推出伊利斯战列舰（HMS Iris），这是 1877 年以来第一艘全钢体舰船。该舰航速超过 17 节（时速 31 千米），是当时世界上有史以来最快的船只。

第四大桥

钢铁制造业的发展使建筑业发生了重大变化。最早的钢架建筑即利物浦的皇家保险大楼（Royal Insurance Building），是在 19 世纪末建造的。从 20 世纪早期直到"二战"时期，钢架结构成为多层建筑的主要建筑模式，直到后来被混凝土代替。

同样，工程师还充分利用钢材的特性建造大桥，1890 年苏格兰第四铁路大桥（the Forth Railway Bridge）建造，是当时世界上第一座重要的钢架桥。建筑需要 53000 吨钢，是当时世界上单一悬臂式跨距最长的大桥，其 521 米（1710 英尺）的跨距让人惊讶不已。

▲ 钢材生产的革新带来了建筑业的巨大改变。第四大桥是第一座重要的钢架桥

电气化

法拉第的发现点亮了千家万户，为现代化生产线建设铺平了道路

在维多利亚女王登基前的时代，要产生电流只能借助电池。1831年，迈克尔·法拉第发现在电线上方移动磁铁就能获得电，这一发现预示着电气技术实际应用的时代即将来临。

电气技术最重要的应用就是家用照明。1850年，英国物理学家、化学家约瑟夫·斯旺（Joseph Swan）在玻璃灯泡里使用碳化灯丝进行实验。1878年，历经数十年实验和失败，他终于为自己设计的第一个白炽灯泡申请了英国专利。

1891年，世界上第一座现代化发电站建成，它能向整个伦敦的建筑输电。这一新发展带来两个变化，即流水线作业和大规模生产，而这两个方面是工业革命的重要内容。电气化加速了生产过程，改进了工厂条件，工厂再也不用点污染环境的煤气灯了。

虽然电气发明影响日常生活尚需时日，但是它预示着家庭和职场即将发生重大改变。

▲ 法拉第的发现点亮了英国千家万户和街边的路灯，生活条件和工作条件得到改善

通信业

电报、电话和无线电传播技术的发明，标志着大众个人通讯新时代的到来

英国的电气化过程以及铁路的传播，刺激了另一个重要工业的发展——通信业。

1837年，英国人威廉·福瑟吉·库克（William Fothergill Cooke）和查尔斯·惠瑟斯通（Charles Wheatstone）在尤思顿（Euston）铁路和卡姆登城（Camden Town）之间安装了第一部商业电报系统。该系统利用电流驱动磁针，将信号以代码的方式传送信息。整个铁路系统都采用了这一电报系统，一方面传送信息，一方面控制信号。英国和法国之间建造了海底电缆，后来，布鲁内尔的"大东方"号蒸汽船（Great Eastern steamship）也为铺设穿越大西洋的电缆奠定了基础。

全球通信系统迅速发展。每家邮局都设有发报机，大众通信成为可能。1876年，亚历山大·格雷海姆·贝尔发明电话，1897年，古列尔莫·马可尼（Guglielmo Marconi）研发了实用无线电传输技术，突然之间世界变得越来越小了。

▲ 1876年，亚历山大·格雷海姆·贝尔发明电话，见证了长途通信业的兴起

▲ 威廉·福瑟吉·库克和查尔斯·惠瑟斯通在伦敦安装了第一套电报系统

其他产业的发展
随着钢铁冶炼、蒸汽动力、纺织、电气的发展和革新，英国许多工业的生产率都得到大幅提高

传媒

工业革命不仅见证了纺织品和金属制品的大规模生产，也标志着大众传媒的开端。1843 年蒸汽动力轮转印刷机的发明，让印刷工在一天内就能印刷上百万份报纸。再加上铁路的发展，报纸被印刷并运送到全英各地的成千上万个地点，获得新闻消息的便利性超过以往任何时代。

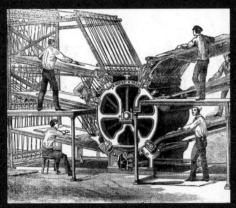

▲ 蒸汽动力印刷机的发明，让新闻消息能够快速到达千家万户

纺织业

维多利亚时期，英国工业扩张的中心就是纺织业。技术革新意味着棉花、羊毛、丝绸以前所未有的速度得以生产出来。到1870 年为止，工厂的蒸汽动力已经成为行业规范，半自动化兰开夏郡织布机（Lancashire Loom）以及走锭精纺机的发明，意味着棉花的纺织时间比起一个世纪前缩减很多。

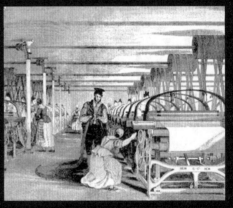

▲ 到1870 年，以蒸汽为动力的工厂已遍及全国，产能大大提高

农业

尽管工业革命使农业逐渐淡出人们的生活，但农业仍然是英国经济的重要组成部分。在维多利亚登基后的 10 年里，随着新作物的种植和人工肥料的使用，农业蓬勃发展。但是 19 世纪末期，由于制冷技术的发明和应用，人们可以从海外进口廉价的肉类，因此国内农产品销售额有所下降。

▲ 在维多利亚登基后的 10 年里，农业蓬勃发展

汽车制造业

1886 年，德国的卡尔·奔驰申请了世界上最早的汽车专利。两年后，他开始售卖他发明的汽车，第一批商用汽车出现。在美国，亨利·福特利用新的生产线优势，经营自己的汽车制造业。英国的赫尔伯特·奥斯汀（Herbert Austin）成立了沃尔斯利汽车有限公司（Wolseley Motors Limited），在 1913 年福特汽车进入英国之前，它是英国最大的汽车制造

▲ 1913 年以前，沃尔斯利汽车有限公司一直是英国最大的汽车制造商

——伊桑巴德·金德姆·布鲁内尔——

英国工业的先驱

作为英国历史上最有影响力的工程师之一，
布鲁内尔开发设计了不计其数的航线、建筑和船只

英国发展成一个世界超级大国，工业革命发挥了关键性的作用。从1760年开始到1840年左右的工业革命时代，是一个伟大的转折性的剧变时代。国家的生产力空前提高，地区间的联系得到前所未有的加强。这些也为个体发展提供了一定的机遇和必备的资金，很多人得以展示他们的卓越才能，其中就有伊桑巴德·金德姆·布鲁内尔。

1806年4月9日，伊桑巴德出生于朴次茅斯，他的父亲是马克·伊桑巴德·布鲁内尔（Marc Isambard Brunel）勋爵，马克·伊桑巴德·布鲁内尔勋爵本人也是一位著名的工程师。父亲曾经接

他曾是著名瑞士钟表大师亚伯拉罕-路易·宝玑（Abraham-Louis Breguet）的学徒。

受了良好的教育，自然希望儿子也能得到同样的教育。于是，马克培养布鲁内尔掌握了扎实的工程学原理，又将其送到一所法国学院学习一手经验，之后成为自己的工作助手。

此后不久，1825年，伊桑巴德承担起第一份真正的重任，担任泰晤士河隧道工程助理工程师。众人都认为，与大多数同事相比他年岁尚浅，但是他用实践证明了自己是一位充满敬业精神、工作高效的领导者。父亲忙于其他问题，且身体状况不佳，不能在身旁指导，但伊桑巴德仍然能有条不紊地推进工程。不过，工程建造存在风险，伊桑巴德很快就发现了这个问题。先是建筑隧道被

布鲁内
尔烟瘾很大，
每天要抽40根雪茄。布
鲁内尔博物馆（the Being
Brunel Museum）展出
了一根他抽了一半的
雪茄。

无数地标建筑和地点都
镌刻有布鲁内尔的名字，他
的建筑遗产遍及英国各地。

人物简介
**伊桑巴德·金德姆·
布鲁内尔**
1806—1859

布鲁内尔是一位机械天才，也是
一位土木工程师，他留给后人的
遗产存留至今。他革命性的设计
理念和建筑才能，让他成为工业
革命时期极具影响力的人物。他
在英国留下了诸多的地标性景观，
包括造船厂、铁路和桥梁。

儿子如何继承衣钵

就像伊桑巴德追随父亲的脚步，选择建筑工程作为自己的职业生涯一样，伊桑巴德的第二个儿子亨利·马克·布鲁内尔（Henry Marc Brunel）也追随了父亲的职业选择。

亨利·马克·布鲁内尔从早年起，就对父亲的工作产生了兴趣，甚至有时候还跟父亲一起工作。塔马尔大桥（the Tamar Bridge）开始建造的时候，他还去施工现场，在大东部铁路建设期间，他甚至还承担了外勤工作。

他在哈罗（Harrow）念完私立学校后，1859年到1861年求学于伦敦国王学院（King's College London），之后经历了一段时间的学徒期，最后正式投身工程领域。

尽管他的成就永远无法跟父亲相媲美，但是他仍然留下了自己的印迹。他和同事工程师约翰-沃尔夫·巴里勋爵（John-Wolfe Barry）承担了许多工程建设，其中包括黑衣修士铁路桥（the Blackfriars Railway Bridge）、威尔士巴里码头（Barry Docks）和苏格兰科里根吊桥（Creagan Bridge），更不要提传教士医疗船昌西枫树号（SS Chauncy Maples）了。

水淹没，他死里逃生，所幸事故无人员伤亡。比较严重的一次事故是在1828年1月12日，有6人不幸罹难，伊桑巴德伤重住院，工程进度推迟，但是这个工程为他未来的事业发展提供了重要的经验。

第二年，伊桑巴德前往布里斯托尔，竞标埃文河（Avon）克利夫顿悬索桥（Clifton Suspension Bridge）建设工程。伊桑巴德的建筑设计中标，他说："我要说的是，自从进入建筑行业以来，在设计的所有杰出作品中，我昨天的表现最为满意。15位评审专家对建筑设计中最棘手的问题也就是审美品位问题进行了讨论，最后一致认可我的作品。"1831年布里斯托尔发生暴乱，大桥项目受影响中断，最终无限期搁置。但是，布鲁内尔的建筑设计能力让他广受关注。

1833年，布鲁内尔被任命为布里斯托尔铁路工程总工程师，之后他立即投入工作。在接下来的10年里，布鲁内尔将精力放在日后广为人知的大西部铁路上，这一铁路工程贯穿了他随后的职业生涯。当时其他铁路都是分段施工，而布鲁内尔从一开始就提出了整体施工计划，即铁路施工贯通布里斯托尔和伦敦。

布鲁内尔亲自完成了大量的勘察工作，他独辟蹊径，选择从白马谷（The Vale of White Horse）建造铁路线（这样往来于牛津、格洛斯特和北部地区更便捷），通过帕丁顿（在此修建火车站）连接伦敦与雷丁（Reading），借助埃文峡谷沟通巴斯与布里斯托尔。布鲁内尔的提议遭到反对，但是1835年议会通过法案，同意工程按此设计施工。

整个工程建造过程中，布鲁内尔都坚守在施工现场，值得一提的是，他坚持采用枕木宽轨轨道铺设铁路线，他认为这是提高速度的关键。新

大东方号客轮设计的航线是抵达诸如澳大利亚和印度这样的地方，其船体尺寸前所未有。

铁轨第一段从帕丁顿到梅登黑德（Maidenhead），于1838年6月4日开通，该段铁路包括了引人注目的华恩克里夫高架桥（Wharncliffe Viaduct），大西部铁路沿线修建有一系列让人印象深刻的桥梁和隧道建筑（例如堪称杰作的汉威尔和齐本汉姆的高架桥）。1839年7月，铁路线延展到特怀福德（Twyford），1840年3月到达雷丁，1840年2月经过白马谷到达伍顿·巴塞特（Wootton Basset），1841年5月向南进入奇本海姆，最终在6月到达布里斯托尔。最后一段铁路线，因为开通1.75英里（约2.8千米）长的博克斯隧道而耽搁了，由此产生连锁反应，博克斯隧道的工程延误又耽误了布里斯托尔—巴斯线的竣工。

大西部铁路沿线的众多新地标建筑，包括布里斯托尔草原站火车站（Bristol Temple Meads）、普利茅斯附近的萨尔塔什河（the River Saltash）大桥及切普斯托（Chepstow）的怀河（Wye）管桁架桥，将斯温登（Swindon）与格洛斯特和南威尔士连通在一起。

布鲁内尔的构想并非仅限于将伦敦与布里斯托尔连接在一起，而是建成一个相互连接的旅行系统，人们可以坐火车横贯整个国家，再穿越大西洋到达纽约。这样就需要客轮，轮船既要能帮助人们完成整个旅行，又要让人们身心放松地舒适乘坐。

他的第一次尝试是建造大西方号远洋蒸汽船（SS Great Western），该船在布里斯托尔浮动港开工，1837年完工并下水。大西方号蒸汽船虽然开始时发生过几次意外（例如布鲁内尔本人曾在锅炉房火灾中受伤），但它成功地完成了前往纽约的处女航。这艘船体型巨大，频繁使用浮动港很不方便，因此只能限于埃文河口附近的河流停泊。

布鲁内尔的下一项计划是建造大不列颠号蒸汽船，其过程同样问题频出。1832年，布鲁内尔受雇解决布里斯托尔浮动港面临的窘境，他进行了详细的考察并提出解决建议，但是，负责港口的船务公司对他的建议方案回复拖沓。这种拖沓的工作方式也造成大不列颠号蒸汽船1843年甫一竣工就遇到了关键问题，显而易见，因船体太宽船只根本无法通过闸口。布鲁内尔在很早以前就提出了拓宽改进船闸闸口的建议，但是他的建议没有被采纳。最后，工人们不得不将船闸闸口的砖石拆除掉，大船才勉强通过，但是却没办法再安全回港了。1848年，蒸汽船公司愤而将大不列颠号卖掉。

▲ 在建的泰晤士河隧道

▲ 梅登黑德铁路桥是布鲁内尔担任总工程师期间建造的诸多建筑之一

　　1854年，布鲁内尔有了更宏大的构想，他想建造大东方号远洋蒸汽船，能够前往澳大利亚和印度这样的远洋地区，船体规模史无前例。船只长度690英尺（210米），能够承载4000名乘客。用他自己的话说，他想要"利用蒸汽推动，让长途旅行更经济、更快捷，船体要足够大，最好能装载整个往返程需要的煤炭，至少是单程需要的煤量，这就要求能在目的地港找到煤，返程

时能有足够的燃料。"

　　大东方号蒸汽船的建造，对布鲁内尔来说是一个严酷的考验。整个工程花费很快就超出预算，而且工期逾期，布鲁内尔与造船商约翰·斯科特·罗素的关系也变得非常紧张。布鲁内尔做事一丝不苟，亲身实践身体力行，他希望参与造船的每一道重要工序，罗素则比较悠闲，他只是给工人们发布指令，然后让他们去完成。造船

▲ 1857年11月，布鲁内尔（右二）准备让大东方号蒸汽船下水，可惜失败了

布鲁内尔精力充沛、工作勤勉，每天通常工作18个小时。

关键时刻

泰晤士河隧道坍塌
1828年1月12日

21岁的布鲁内尔在泰晤士河隧道工程工作时，因为部分隧道渗水，几乎殒命于此。事故造成6人遇难，布鲁内尔腿部和内脏重伤。他被送到布莱顿（Brighton）休养，直到春天身体才恢复。隧道工程停滞，等到1834年才重新开始，但到1843年工程也没有完工。

关键时刻

大西部铁路总工程师
1833年

布鲁内尔被任命为大西部铁路建设总工程师，该铁路连接伦敦与布里斯托尔。1835年议会法案通过后，该工程开始动工，布鲁内尔亲自参与施工。沿线修建了许多经久耐用的大桥、高架桥、隧道及其他地标性建筑。例如，博克斯隧道、帕丁顿火车站，以及汉威尔和奇本汉姆高架桥，可以说大西部铁路工程是布鲁内尔最知名的遗产，他的许多杰作一直存留至今。

时间轴

1806
出生

伊桑巴德·金德姆·布鲁内尔出生于朴次茅斯，母亲是索菲娅·金德姆（Sophia Kingdom），父亲是法国出生的工程师马克·伊桑巴德·布鲁内尔，他将子承父业。
1806年4月9日

1820
求学法国

布鲁内尔14岁时被送到法国学习，先在诺曼底卡昂学院（the College of Caen）登记入学，之后求学于巴黎亨利四世高中（Lycee Henri-Quatre），16岁回到英国。
1820年

1829
设计克利夫顿悬索桥

布鲁内尔在布里斯托尔时，设计了著名的克利夫顿悬索桥。但是因为多种原因耽搁，该桥穷其一生也未能建成。
1829年

1836
与玛丽·伊丽莎白·霍斯利结婚

布鲁内尔在伦敦肯辛顿教堂（Kensington Church）与著名音乐家威廉·霍斯利（William Horsley）的女儿玛丽·伊丽莎白·霍斯利（Mary Elizabeth Horsley）结婚。他们的婚姻很幸福，养育有3个孩子。
1836年7月5日

1838
大不列颠号蒸汽船处女航

当时世界上最大的船只大不列颠号蒸汽船，出发前往布里斯托尔，这是它的处女航，终点是纽约。船舱发生火灾，布鲁内尔受伤。
1838年3月31日

厂在罗素的管理和领导下，布鲁内尔就要寻求他的合作。显然，很多工作不会按照布鲁内尔喜欢的方式推进，于是他变得十分沮丧，1857年11月3日，大东方号蒸汽船第一次下水失败，让他感觉雪上加霜。1858年，该船终于成功下水，1860年首航纽约，很遗憾布鲁内尔没能看到这艘船的第一次航行。虽然大东方号从未实现航行至澳大利亚的初愿，但是它帮助人们成功铺设了横跨大西洋的电缆，与此同时，它在体量和规模上也是当时世界上船只的翘楚。

除建造旅游基础设施外，布鲁内尔在其他很多领域都有所建树。他重新设计和建造了各种船坞，例如加的夫（Cardiff）、米尔福德港（Milford Haven）和蒙克韦尔茅斯（Monkwearmouth）

的船坞，设计了简易移动医院运到克里米亚战场。1830年他当选为皇家学会会员（Fellow of the Royal Society），在1836年迎娶玛丽·伊丽莎白·霍斯利，养育了3个孩子：伊桑巴德·小布鲁内尔、亨利·马克和弗洛伦斯·玛丽（Florence Mary）。

1859年，布鲁内尔身患中风，10天之后于9月15日去世，年仅53岁。他安葬在伦敦肯萨尔园绿野公墓，陪在父亲的身边。无数地标性建筑和地方都镌刻有他的名字，他身后留下的旅游交通系统让他功绩永存。南威尔士很多铁路线和大桥的兴建，都是源于布鲁内尔推进国家基础设施的建设，因此，在日后多年英国的征程上，他都是重要的一员。

关键时刻

大不列颠号蒸汽船穿越大西洋处女航
1860年6月17日
在布鲁内尔接手的所有工程之中，大不列颠号蒸汽船最具挑战性。整个工程支出超出预算并且逾期，造船工程很快成为一项严酷的考验。布鲁内尔与船舶建造商约翰·斯科特·罗素多次龃龉，事情雪上加霜。经过无数次小事故（1857年首航失败，1859年前往韦茅斯时锅炉爆炸，死亡6人），直到1860年才实现穿越大西洋前往纽约的处女航。

▲ 大东方号蒸汽船从未实现航行至澳大利亚的初愿

1841

大西部铁路竣工
布鲁内尔被任命为大西部铁路总工程师8年后，工程全线竣工。这是一项杰出的成就，或许可以称为他一生中最完美的遗产。
1841年6月

1843

不列颠号蒸汽船出坞
重达3018吨、98米长的大不列颠号蒸汽船出坞，进入布里斯托尔城市码头（Bristol City Docks），它要在此静泊18个月，待码头加宽后才能离港。
1843年7月19日

1848

宪章运动
伦敦宪章运动期间，布鲁内尔成为威斯敏斯特地区协助警察的纠察人员，骚乱期间需要大量的临时人员协助警察维持治安。
1848年5月

1855

建造预制可移动医院
在克里米亚战争期间，布鲁内尔在达达尼尔群岛（Dardanelles）的壬科奥（Renkioi）运用预制构件建造了可移动医院。医院的供热、通风、排水和卫生系统都经过精心设计。
1855年2月

1859

辞世
布鲁内尔经受中风之后去世，年仅53岁。与其父亲一样，他也被葬在伦敦肯萨尔园绿野公墓。
1859年9月15日

工人们的生活

商业空前繁荣，财富猛增，
但是为工厂主创造财富的工人们，
却每天冒着失去肢体乃至生命的危险而辛苦劳作

维多利亚时代日新月异，在极短时间内英国就发生了翻天覆地的变化。工业革命让上百万工人的生活彻底发生了变化，但这未必是一件好事。工业革命时代，很多法律还未付诸实施，工人们的利益无法得到保障，工厂主和地主尽一切可能利用法律漏洞压榨雇工。工人们习惯了拼命工作，但是随着工业发展的加快，工人们不得不提高自身的能力水平，以满足工厂主不合理的需求。

工业革命之前，人们的生活与今天截然不同。当时英国是一个农业社会，国家财富的增长主要依赖农业，这意味着很多人主要在乡村生活和工作。许多男性受雇于农场，为土地拥有者耕种土地，照看家畜。妇女则纺线制衣。当时生活比较艰苦，社区之间要互相依赖，生产的产品自给自足，剩余的产品拿去出售，以补贴其他方面的日常生活用度。许多人有非常专业的技能，他们能发挥特殊的作用。但是无论如何，这种陈旧的工作方式都算不上高效，只是许多人已经适应了这样的生活方式，让他们到

随着工业发展的加快，工人们不得不提高自身的能力水平，以满足工厂主不合理的需求。

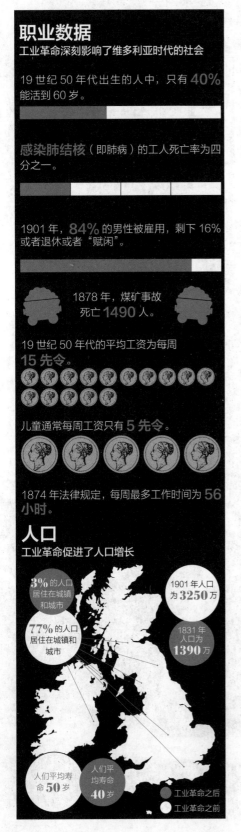

职业数据
工业革命深刻影响了维多利亚时代的社会

19 世纪 50 年代出生的人中，只有 **40%** 能活到 60 岁。

感染肺结核（即肺病）的工人死亡率为四分之一。

1901 年，**84%** 的男性被雇用，剩下 16% 或者退休或者"赋闲"。

1878 年，煤矿事故死亡 **1490** 人。

19 世纪 50 年代的平均工资为每周 **15 先令**。

儿童通常每周工资只有 **5 先令**。

1874 年法律规定，每周最多工作时间为 **56 小时**。

人口
工业革命促进了人口增长

3% 的人口居住在城镇和城市

77% 的人口居住在城镇和城市

1901 年人口为 **3250 万**

1831 年人口为 **1390 万**

人们平均寿命 **50** 岁

人们平均寿命 **40** 岁

● 工业革命之后
○ 工业革命之前

工厂做工，想一想都是遥不可及的恐怖之事。不过，让他们始料未及的是，这一天远比他们想象的来得更快。

1760 年左右，工业革命初见黎明，社会变革已经无法阻挡。首先，向机械化制造屈服的是纺织业。珍妮纺纱机和后来出现的走锭精纺机的发展，让同一时间纺出更多纱线得以实现。后来，蒸汽动力织布机发明，机器织布比从前的人力织布速度更快、效率更高。

变革不仅发生在纺织业，在工业化空前提高纺织业生产效率的巨大影响下，其他行业很快也走上了同样的改革道路。商业贸易不断增长，交通系统亟待发展，蒸汽动力应运而生，火车和轨道交通的蓬勃发展需要雇用成千上万的工人，有的需要修路造桥，有的服务钢铁贸易。

工业革命对社会的影响前所未有。商业贸易繁荣发展，货物交易琳琅满目，毫无疑问英国已经成为世界上的超级大国。但是，并不是所有人都用积极的眼光看待这些变化，尤其是那些赤贫的工人。

据说，在 19 世纪早期有一个名叫内德·卢德的人，他煽动一群纺织工人反对纺织行业工业化。他们被称为"卢德分子"。这些激进分子向工厂主、治安官、商人们发出死亡威胁，落款为"国王卢德"。他们的暴力活动也会经常付诸多种多样的实践，例如在午夜时分袭击工厂，毁坏和砸掉造成他们失业的机械设备，这些暴行让他们臭名昭著。

不过，这些骚乱同样表达了纺织工人权利被侵犯的不满。卢德分子的行为，也代表了全国范围内工人们与日俱增的不满情绪，因为他们的行业也不可避免地被工业化所压制。

英国的财富越积越多，工厂主越来越富有，但工人们却要持续过着枯燥又悲惨的生活，备受贫穷和疾病的煎熬。中等阶层和上等阶层与工人阶层之间的鸿沟前所未有地变大了，他们对工人的要求变本加厉。

工业革命也是新事物，还没有法律规定来保护工人们的权利，为了工作，工人们从物质到精神都被榨干。

▲ 据估计，1871年左右有两三万5~16岁的儿童在砖厂工作

轮班工作通常每天14个小时，工资微薄，如果工人表达不满，很快就会被解雇。有时候一些工人甚至会被列入黑名单，他们就找不到新工作。工作卑微又枯燥，工人很快就对自己一如机械般的、重复性的角色失去激情，不再为自己生产出来的产品怀有强烈的自豪感，毕竟他们对创造出来的东西没有所有权。

或许，工业革命最大的牺牲者是男性，他们常觉得必须努力保住饭碗，因为雇主总是在不断寻找更便宜的劳动力来代替他们，这些便宜劳动力通常为妇女和孩子。男人有时必须放弃家庭顶梁柱的身份，靠孩子赚钱把食物端上餐桌。比较幸运的男人，都是从事体力劳动的。工业革命期间全国大兴土木，通常需要挖土工来挖掘土方。全国铁路系统迅速发展，无论天气如何，男性受雇将铁轨拼接到一起。这份工作并不轻松，挖土工要来回拖拽沉重的铁轨，常要穿过隧道，穿过危险的地势安放铁轨。

工业革命期间，女人的地位并不比男人好多少。当时男女分工几乎没有区别，妇女也在同样比较恶劣的条件下，干着同样工时很长、工资微薄的工作。

为了方便清理和修理机器，工厂通常会雇用身形正好合适的童工。

▲ 大家庭中儿童众多，一些孩子在幼年就被送去工作

▲ 因为体型瘦小，3岁的小孩子就要做沉闷单调的扫烟囱工作

维多利亚时代的工作及其风险

纺织工

儿童因为身形小、工资低，通常会被纺织厂雇用从事最危险的工作。工厂主不愿意停机检查或清理，所以常在机器还在运行的情况下，让童工爬到机器底下进行清理。许多儿童被机器绞死，还有无数儿童在残忍的永不停转的机器下被绞掉手脚变为残疾人。

煤矿矿工

煤矿工人的工作也许是所有工作当中最糟糕的，工作条件是最恶劣的。煤矿容易遭遇透水或者塌方，有时开采过程中镐头迸溅的一个火花就会引发瓦斯爆炸。1838年，6名童工因透水事故而丧生。

烟囱清扫工

尽管法律禁止雇用儿童扫烟囱，但是3岁的幼儿仍会被送进烟囱清扫灰垢。儿童形体瘦小，身体柔软，能钻进狭窄的烟囱里，但是没人能够保证他们能完好出来。他们会被烟囱的四壁划伤，遍体鳞伤，还有可能掉落摔死或者被烟道卡住。煤烟粉尘给他们的肺部造成不可逆转的损伤。依靠扫烟囱能奇迹般存活下来的孩子，很少能够活到中年。

火柴工

火柴工人在拥挤的作坊里做着卑微的工作，他们将火柴棍蘸上磷。磷和硫黄燃烧时释放的气体是有毒的，在不通风的狭小空间中，工人吸入这些气体结果是很可怕的，他们会牙龈肿痛、肿裂流脓，下颌溃烂。这种恐怖的磷毒性骨中毒，唯一的治疗方法就是切除下颌。

但是，社会对妇女的要求不止于其本人也要出外赚钱，还要生育孩子。因为童工是最受欢迎的，所以夫妻二人通常不能只生几个孩子，许多家庭都有10个以上的孩子，这些孩子能为家庭提供持续的收入。妇女除了对雇主负责，还要对家庭负责，其中家庭责任很大一部分就是抚养孩子。她们的压力非常大，有时候头一天生孩子，第二天就要去上班，新生儿则留给年老的亲戚照料。

童工通常是雇主最理想的劳动力。公司雇用儿童，支付的工资远低于成人，这些儿童可以做最危险、最精细的工作。孩子形体瘦小，身体柔软，通常被雇来干狭小空间中的工作，例如清理和修理机器。除此之外，儿童年纪小、没经验、少教育，不会反抗雇主的违法用工行为。所以，童工是完美的利用对象。乃至3岁的幼儿通常都要做些简单的工作为家里赚钱。从喂鸡到采石，维多利亚时代任何年龄的人都要承担一份社会角色。

许多儿童被工厂雇去承担极其危险的工作，幸运者会成为学徒或者工匠。童工们跟他们的父母一样，劳动时间很长，工资收入很微薄。

但是，再专业再长久的工作都无法弥补工人阶层子女教育的缺失。一个儿童的家庭经济状况

为了整治闲散现象，政府故意把济贫院建成一个维多利亚时代大多数工人都不愿意去的令人生厌的地方。

很容易判断，如果一个孩子上得起学，他的家庭自然是中产阶级或在此之上。工业革命期间，工人阶层的孩子都是文盲，这对他们的未来而言是个悲剧，不能接受教育，（在很多情况下）不能接受专门训练，长大后不可能找到更好的工作。

维多利亚时代的英国，工作环境可谓非常恶劣，但有一个地方甚至连工人们都深感恐惧，那就是济贫院。毋庸置疑，济贫院是最恶劣的场所之一，那是社会中最穷困、最衰老之人的归处。1834年《济贫法修正案》（the Poor Law Amend-ment Act）的提出，意味着要给穷人提供饮食住宿保障，要修建成百上千处济贫院。尽管这些人有收入、食物、住处、医疗、教育和培训，但是对维多利亚时代的许多人来说，济贫院都让人望而却步。

为了整治闲散现象，政府故意把济贫院建成当时大多数工人都不愿意去的令人生厌的地方。济贫院名义上很有吸引力，但实际上对任何一个被迫居住于此的人来说，都是一段可怕的体验。在此亲人会被分开，如果敢彼此交流就会受到严

▲ 矿下的开采工作危险重重，镐头迸溅的一个小火花都可能引起瓦斯爆炸

惩，即使在闲散时间，与其他群体的人交流也是违反规定的。没有玩具，没有书籍，连基本的阅读和书写教育都难以为继，人们没有空间，没有隐私，几十个人挤在一个小宿舍里。

无须否认，维多利亚时代工人阶层的生活非常艰难。工业革命最初兴起的时候，还没有什么法律保护工人，此后很长时间，国家也无意改进工人的生活条件。然而，经过几番调查和研究后，改善工人的生产生活条件逐渐成为政治家们首要解决的问题。

1833年颁布的《工厂法》（Factory Act）是保护童工权利的里程碑。在新立法执行后，9岁以下的儿童禁止在纺织厂工作。9~13岁的儿童每天最多工作9小时，一周最多48小时。14~18岁的儿童，每天最多工作12小时，一周最多69小时。法律还规定，11岁以下的儿童每天必须接受两个小时的教育。

1842年的《煤矿法》则是另一个里程碑，法律规定，禁止所有女性和女孩以及10岁以下的男童进行矿下工作。同样，15岁以下的孩子不允许在矿场进行机器操作。

尽管维多利亚时期通过了这些保护工人的立法，但是很多都没有实施。许多法律仅仅是为了表明态度，根本无法提高工人的境遇，工人要反抗就会失去工作。问题怎么解决？直到1824年，工会都是非法的，即便一个工会合法化了，工人罢工也依然违法。1871年《工会法案》（the Trade Union Act）颁布，工人们才获得合法罢工的权利，不过即便合法了，他们也不敢相信或者不敢真的罢工。

就像狄更斯在《双城记》中所说的名言一样，"这是最好的时代，这是最坏的时代"，没有比这说得更清楚的了，这句评价在维多利亚时代的英国曾经引起广泛的共鸣。英国从来没有如此强大过，其土地面积几乎占据全球的四分之一，它是世界上最发达的工业国，也是最先进的社会，对英国而言这个时代当然是最好的时代。

但是，与此形成鲜明对比的是，工人阶级赤贫化，对许多人来说这个时代又是最坏的时代。工资极低，教育阙如，维多利亚时代的工人们注定要受到工厂主的控制。没有希望，没有未来，英国的工人阶级通过辛勤劳作将英国打造成世界强国，但是自己的生活中除了被奴役，毫无其他希望。

刻画穷人

随着死亡人数的上升，健康程度下降，许多作家开始从事讽刺文学，表现和评论工人阶级的生活

伊丽莎白·加斯克尔，《玛丽·巴顿》，1848 年

伊丽莎白·加斯卡尔（Elizabeth Gaskell）出版的第一部作品，就受到像查尔斯·狄更斯（Charles Dickens）和托马斯·卡莱尔（Thomas Carlyle）这样的知名人士的赞美。《玛丽·巴顿》（*Mary Barton*）以她在曼彻斯特的生活往事为素材，以自己的方言讲述了两个城市工人阶级家庭之间的故事，作者力图让这些人发出自己的声音。

"富人对穷人的苦难一无所知。我要说，如果他们不知道，那他们就应该知道。只要还能干动，我们就是他们的奴隶。我们用额头上滴下来的汗水堆起他们的财富，但是我们的生活却截然不同，我们就像生活在两个完全不同的世界里。"

查尔斯·狄更斯，《艰难时世》，1854 年

狄更斯描写穷苦和潦倒之人困境的作品并不少见，但是毫无疑问，他最短的小说《艰难时世》（*Hard Times*）是最引人激愤的。故事发生的地点是虚构的科克顿城（Coketown），我们看到作者对功利主义的讽刺，看到工人受到的冷酷对待。这部作品毁誉参半，但其产生了强大的影响是毫无疑问的。

"众所周知，你想要一磅的拉力，可以找机器帮你实现，但你想了解一份国债的安全是否，冰冷的计算机器无法告诉你。"

本杰明·迪斯雷利，《西比尔》，1845 年

迪斯雷利担任首相之前的近 20 年，出版了小说《西比尔》。该书深入探讨了英国工人阶级的状况。迪斯雷利坚信权利平等，人们（男性）普遍具有投票权，这部小说第一次刻画了维多利亚时代穷人与富人之间的明确对立。

"这是两个国家；彼此之间无甚交往，互不关心；对彼此的习惯、思想和感情一无所知，就好像生活在不同区域，乃至不同的星球；饮食有别，成长不同，言行举止不同，管理国家的法律有异，这就是富人和穷人。"

▲ 1897年，肥皂厂生产线上工作的妇女

发明的精神

在社会日新月异的背景下，发明精神
越来越为人所推崇，激励着这个国家
最聪慧的人才进行发明创造

英国的空气中弥漫着工业革命的浓重烟雾，全国各地新式机器轰隆作响。这一时期，很多重要技术的进步极大提高了人们的生活水准，并为今天那些更为时尚精巧的器械的发展奠定了基础。

截至19世纪30年代，第一世界的国家以蒸汽为动力，以钢铁建设工程；蒸汽机、桥梁、地铁已随处可见。此外，医学迅速发展，取得巨大进步。病患服用一些药物后疼痛得以缓解，乙醚作为麻醉剂得到广泛应用。外科手术也不再被认为是自杀性行为。死亡率下降，欧洲人口在19世纪增长了两倍，达到了4亿。

这些挽救生命的一系列发明创造，促进了人们的沟通交流，改善了人们的生活质量。在这个迷人的历史时代，人们面对的是不断改善、日新月异的社会，生活其中，浸润其中。

医学

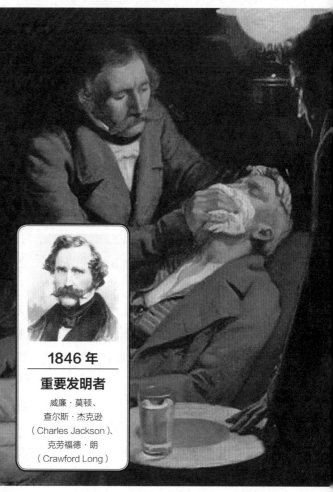

麻醉剂

在麻醉剂问世之前，古希腊人在治疗过程中会使用调制的草药减轻痛苦。"麻醉剂"（anaesthetic）一词本身是希腊语，本意是"没有感觉的"，但是直到1846年这个词才被创造出来，当时诗人兼医生奥利弗·温德尔·霍姆斯（Oliver Wendell Holmes）提到他见证了一项新技术，即病人使用乙醚后被无痛切除了肿瘤。

乙醚已经存在数百年，但是从来没有人想过用它作麻醉剂，直到曾经的牙科学生威廉·莫顿（William Morton）开始用它偷偷地在一些小动物甚至自己身上做实验。在此之前，学生们吸入乙醚烟雾纯粹是为了好玩，这被称为"乙醚游戏"，吸入之后人们会丧失对自身运动功能的控制，在割伤和擦伤时也感觉不到任何疼痛。

用酒精和鸦片麻醉病人，让几个人用力把病人紧紧按在手术台上进行手术的日子一去不复返了。外科医生可以花更多时间认真进行手术，避免了不必要的死亡，反过来，这也促成了更多的医学发现。

1846 年

重要发明者

威廉·莫顿、
查尔斯·杰克逊
（Charles Jackson）、
克劳福德·朗
（Crawford Long）

阿司匹林

阿司匹林是有史以来最成功的非处方止痛药之一，其新的功效不断被发现。阿司匹林是最早以片剂形式出现的药物之一，它的天然成分存在于柳树和香桃木等植物中，几个世纪以来一直被用于缓解疼痛。公元前400年，古希腊女性生育时，医生会为她们准备柳叶茶；1763年，英格兰的一位牧师给患有风湿热的病人使用了晒干的柳树皮。

但是直到维多利亚时代，法国科学家在柳树中提取活性成分制成水杨酸之后，这种民间草药疗法才得以提升。不过，还需要进一步调整优化，因为服下药物之后，胃会不舒服。1897年，德国科学家开发了这种药物更稳定、更容易服用的形式，两年之后阿司匹林片剂被推出。全世界成千上万的人研发了这种天然疗法，并将其提炼成一种可能挽救生命的预防用药。

1899 年

重要发明者

查尔斯·弗雷德里克
（Charles Fredric）、
费利克斯·霍夫曼
（Felix Hoffmann）

X-射线

你想过X光中的X代表什么吗？或许会让你失望，就算它的发明者，德国医师威尔海姆·伦琴（Wilhelm Röntgen）也不知道。威尔海姆·伦琴将电流通过装满特殊气体的阴极射线管进行实验时，发现射线管产生了光芒。他似乎发现了一种看不见的、完全无法理解的光，所以他称之为"X射线"，因为在数学中，"X"代表未知数。

伦琴没有就此罢手，他甚至选择妻子做实验，给妻子的手拍摄了第一张X光片。消息迅速传遍世界，科学家很快就能复制和改进X射线图像。

伦琴认为科学发现属于全世界，所以他没有为自己的发明申请专利，医学界欣然接受了他的发现。X射线革新了医学技术，借助X射线医生可以看见患者体内的骨折、子弹和异物。虽然伦琴

1895 年

重要发明者

威尔海姆·伦琴

自己主动放弃了发现X射线的荣誉，但是他的这项重大发现赢得了全世界的赞誉，最终他成为第一位获得诺贝尔物理学奖的人。

交通

汽车

18世纪晚期，以蒸汽为动力的汽车得到发展，1807年，法国发明家为内燃机推动的汽车设计申请了专利。但是，第一台真正"现代意义上的"汽车是卡尔·奔驰专利汽车。这台三轮机车有一个单杠四冲程发动机，以汽油为燃料，能产生大约三分之二马力[①]，每分钟250转。奔驰在1886年申请了专利，之后向公众展示了自己

的发明创造。研发"无马拉的马车"被认为是一时的狂热；这种车是一个危险的武器，可能会对马路造成"威胁"。但是在1888年，奔驰的妻子博尔莎做了一件事，改变了这一切。她在丈夫不知情的情况下，驾驶着奔驰专利汽车，从曼海姆（Mannheim）开到她的家乡普福尔茨海姆（Pforzheim），往返里程194千米，就这样完成了第一次长途汽车旅行。她证明了汽车适合日常使用，奔驰汽车成为第一个"量产"交通工具。

---

① 1马力（英制）约为0.7457千瓦。

1886 年

重要发明者

卡尔·奔驰，恩里科·贝尔纳迪（Enrico Bernardi），弗雷德里克·兰彻斯特（Frederick Lanchester）

▲ 卡尔·奔驰设计的卧式单缸发动机三轮交通工具

悬索桥

著名发明者、设计师、工程师伊桑巴德·金德姆·布鲁内尔是英国工业革命里程碑式的人物，他设计建造了桥梁、隧道、铁路、港口、船舶。他改变了人们的旅行方式，设计的许多作品屹立至今，例如伦敦帕丁顿火车站、布里斯托尔的克利夫顿悬索桥。

克利夫顿悬索桥是锻铁制造的工程奇迹，它将布里斯托尔的利里夫顿和北萨默塞特郡（North Somerset）的利·伍兹（Leigh Woods）连在一起，这座大桥标志着布鲁内尔完成的第一项伟大工程。它是同类桥梁工程中最早的一座，其高度足以让所有大型船只从下方通过。它相当牢固，行人和马拉马车可以安全通过。遗憾的是，因为布里斯托尔暴乱，这座大桥直到他去世后才竣工，但是这一独特的地标建筑是对这位伟大人物的最好纪念。

1864 年

重要发明者

伊桑巴德·金德姆·布鲁内尔

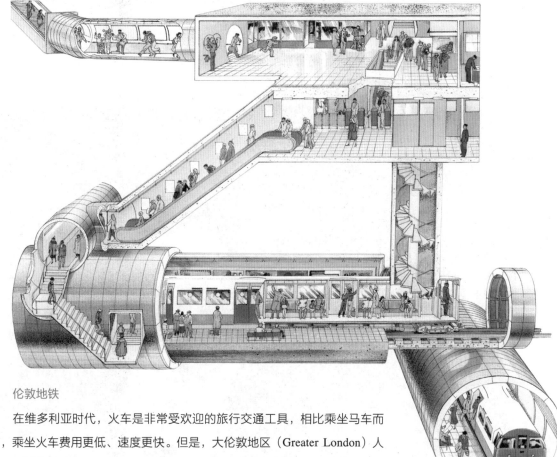

伦敦地铁

在维多利亚时代，火车是非常受欢迎的旅行交通工具，相比乘坐马车而言，乘坐火车费用更低、速度更快。但是，大伦敦地区（Greater London）人口的增长意味着，这个城市要承受太多通勤者的交通重荷，而交通运力不足，就无法将他们送往他们需要去的地方。1845年，查尔斯·皮尔逊（Charles Pearson）提议将所有的交通挪到地下，即所谓的"下水道中的火车"。他竭力游说，1853年下议院通过议案，修建一条从帕丁顿到法灵顿（Farringdon）的地下铁路。一个半多世纪前，世界上第一列地下火车首次亮相，乘客们急于体验，趋之若鹜。

伦敦地铁线取得巨大成功，前6个月每日客流量为26000人。但是，乘坐地铁让乘客们担心的不仅仅是站台间的缝隙、蒸汽机车喷出的烟雾，还有其他乘客在车厢里吞云吐雾[1987年国王十字站大火（King Cross fire）发生后，地铁上才禁止吸烟]。地铁持续建设，一直修到当时的哈默史密斯（Hammersmith）和莫登（Morden）。交通线路的发展，让原本人口稀疏的地方的人口迅速增长。查尔斯·皮尔逊在伦敦地铁开通前去世，没有看到自己蓝图的实现，但是他的遗产是永恒的。

1863 年

重要发明者

查尔斯·皮尔逊

▲ 伦敦地铁是世界上最古老的地下铁路交通系统

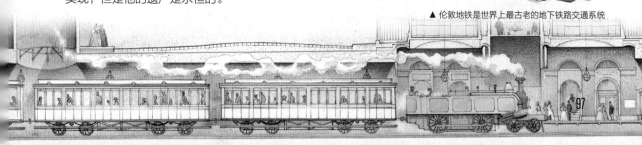

通信

无线电

意大利发明家古列尔莫·马可尼听说过所谓无线电波可以通过空气传播的理论，这引发了他的思考：声音是否也可以通过同样的方式进行传播？

古列尔莫·马可尼制造了两台机器，一台用于发送信息，一台用于接受信息，他用这种方法在房间里实现了电报的发送与接收。初步实验获得成功让他欣喜万分，于是他开始研发更远距离的收发通信，但是没有人愿意投资研发他的机器，所以他搬到英国，在英国他的技术立刻受到军队和邮局的欢迎。1900年注册专利之后，他开始制造无线电波发射器和接收器，将电波转换成电能，然后再转换成声音。虽然他最初能够发送的信号是摩尔斯电码，但是这个重要的发现后来帮助了远距离传输语言能力的提升。

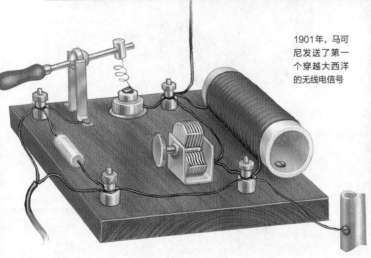

1901年，马可尼发送了第一个穿越大西洋的无线电信号

1900 年

重要发明者

古列尔莫·马可尼

摄影胶片

维多利亚时代的人们喜欢给自己所爱之人拍照。自1826年最早的照相机开始，摄影技术已经得到迅速发展，维多利亚女王是首位拍照的英国君主。在很长一段时间里，拍摄照片都是一个昂贵又费力的过程，但是有一个人将拍照发展到"像使用铅笔一样方便"。

美国企业家和摄影师乔治·伊士曼（George Eastman）发明了基于纸张的摄影胶片和胶卷盒，这样人们就能够随意快速拍照。他创建了伊士曼·柯达公司（Eastman Kodak Company），并于1901年研发出柯达·布朗尼相机（Kodak Brownie），这样的相机每个人都买得起。胶卷的发明推动了电影工业的发展。柯达公司是第一家为大众生产影视器材的公司，今天依然存在。

1884 年

重要发明者

乔治·伊士曼

电话

人类已知的许多伟大发明完全出于偶然，亚历山大·格雷海姆·贝尔的重大突破就是这样。当时他在做电流振动实验，他用一根长电线将两根弹簧连在一起，把一端递给助手托马斯·沃特森（Thomas Watson），他在另一个房间拿着另一根电线。

这个实验设想验证的是，当一根弹簧移动的时候，另一根也会随之移动，但实际上发生的是，弹簧移动的声音沿着电线传导，声音被另一边听到了。实验装置竟然将他们的声音传递了过去，贝尔知道这是一项重大发现，于是迅速申请了专利，以免其他人窃取他的成果。在贝尔提交申请之后的两个小时，另一个发明者也申请了同一专利，但是太晚了，这项名誉永远属于贝尔。

1876 年

重要发明者

亚历山大·格雷海姆·贝尔

居家改善

电灯

灯泡并不是托马斯·爱迪生发明的，人们经常弄错这一点。实际上，英国物理学家约瑟夫·斯旺1878年就在英国申请了第一个白炽灯专利。不过，早期的灯泡寿命短、成本高，不具有实用价值。爱迪生最先提出了商用电灯的观念。他采用碳化棉纱灯丝优化了原来的灯丝，第一次实验电灯持续亮了13.5小时。

爱迪生在第一次展示中宣布，"我们要让用电变得非常廉价，只有富人才点蜡烛"。爱迪生在美国申请专利，但是这些专利存在争议，争议的焦点是他的专利是以他人的发明为基础的。早在一年前，斯旺就已经在英国申请了专利，为了日后避免和斯旺发生法律纠纷，二人成为商业伙伴，于1883年建立了爱迪斯旺公司（Ediswan），一起实现爱迪生提供廉价灯泡的构想。

1878 年

重要发明者

托马斯·爱迪生、约瑟夫·斯旺

真空吸尘器

休伯特·布斯（Hubert Booth）看到美国人新发明的除尘器，利用向外吹出空气的原理，他也突发灵感。他认为，这种奇特的机械装置如果将空气吸入进行除尘，效果应该会更好，他的想法促成了现在全世界家家户户都离不开的吸尘器的出现。布斯在伦敦一家豪华餐厅向朋友们展示自己的发现时，他相信自己的所思所想是对的。他把手帕放在座椅的天鹅绒坐垫上，然后贴着手帕使劲吸气，坐垫上很多积垢灰尘都被他吸了出来，他也呛咳不止。布斯和朋友们发现，手帕也沾染了灰尘和污垢，已经变得脏兮兮了。

1901年
重要发明者
休伯特·布斯

一项发明就这样诞生了，但这时候的吸尘器与我们今天常见的纤巧的吸尘设备不同，它们非常笨重，必须由马车拉着。这是因为大多数维多利亚时代的房屋都没有通电，布斯的吸尘设备需要燃烧煤炭或油做动力。吸尘设备停在房屋外面，超长的管子通过窗户进入房间，吸除房屋中多年积累的灰尘。

抽水马桶

　　许多发明是基于解决问题而诞生的，使用土厕的不便足以驱动发明家们寻找解决方案。简陋厕所或者说"茅厕"，仅仅是一个木凳，中间挖一个洞，下面放一个桶，用干土盖住粪便。自然，这种厕所味道难闻，正因如此，它们多会被放置在花园深处。室内会放便桶，夜间紧急情况时使用。这样的厕所似乎与女王的身份并不匹配，但是维多利亚女王的确曾经在温莎城堡使用过土厕。1852年，当时最先进、最成功的厕所诞生，陶器制造商托马斯·特怀福德（Thomas Twyford）制作了一个抽水马桶，它以陶瓷而非木材或者金属为材料，不过其设计并非全部原创，而是根据发明家詹宁斯（JG Jennings）的设想制成的，但是特怀福德被认为是改善卫生条件的先驱。

维多利亚女王的确曾经在温莎城堡使用过土厕。

1852年

重要发明者

托马斯·特怀福德

达尔文的研
究成果激发了
公众的想象力。

——查尔斯·达尔文——

崇拜偶像的演变

在这个基督教会支配一切的时代，
达尔文的进化论动摇了维多利亚社会的根基

科学和宗教并不是齐头并进的，查尔斯·达尔文关于进化论的革命性思想扩大了两者之间的鸿沟，在那个宗教支配人们一切生活的时代，他的思想引发了巨大的争议。达尔文以进化论而闻名，他的思想挑战了维多利亚时代的神创论信仰。许多神职人员把达尔文定义为渎神者，但是达尔文的思想很快被许多人接受，形成了今天自然科学的基础。

1808年2月12日，查尔斯·达尔文出生在一个思想自由的富裕家庭中。尽管他在基督教教义和信条的滋养下长大，但是也被鼓励提出和探索自己的观点。因此，在祖父和外祖父的重要影响下，年轻的达尔文充满了好奇心。

达尔文并未创造"适者生存"这个短语，他只是引用了经济学家赫伯特·斯宾塞的话。

达尔文的祖父埃拉斯穆斯·达尔文（Erasmus Darwin）在小达尔文出生之前几年就去世了，他是一位享有盛誉的医生，曾经谢绝担任皇家御医。不过，让埃拉斯穆斯声名狼藉的是他关于嬗变的观点，这一观点比查尔斯·达尔文类似的进化论思想还要早。埃拉斯穆斯的嬗变理论并不受欢迎，他因背叛了自己的创造者上帝而饱受批评。

查尔斯·达尔文为继承父亲和祖父的衣钵，于1825年来到爱丁堡，在大学学习医学。但是，在观看无麻醉剂情况下实施外科手术的情景后，他很快就意识到医学学科并不适合自己，他对血腥过于敏感了。尽管如此，爱丁

1831 年 12 月 27 日

英国普利茅斯

达尔文同意担任"小猎犬"号船长的助手，但是要等 3 个月"小猎犬"号才能起航。航行的第一个星期对达尔文来说很艰难，他因为严重晕船而卧床不起。

1835 年 9 月 15 日—10 月 20 日

加拉帕戈斯群岛

让达尔文最着迷的是生活在岛上体型巨大的乌龟和鬣蜥蜴。直到回到英格兰后他才意识到，他看到的这些不同物种，实际上都是非常独特的，每座小岛上的物种都各不相同。

圣亚戈（St Jago）

达尔文在佛得角群岛（Cape Verde Islands）克服了晕船，他认识到"小猎犬"号航行对他来说是千载难逢的机会。他在日记中写道，当他第一次看到各种异国植被和动物时，非常兴奋。

1832 年 1 月 16 日

1835 年 1—2 月

智利智鲁岛（Chiloe）

莱伊尔（Lyell）的理论认为地球处在不断运动的状态之中，达尔文对他的观点进行了延展，当他看到奥索莫火山（Mount Osomo）大规模喷发的时候，他的观点得到了印证。火山喷发的宏伟景象令人震惊。

巴西萨尔瓦多（Salvador）

1832 年 2 月 29 日

"小猎犬"号第一次在南美洲抛锚，达尔文将目光投向了热带雨林。当他把要送回英国的样品装上"小猎犬"号的时候，才开始意识到此次任务的艰巨性。

1833 年 8 月 3 日

达尔文在阿根廷探索野生动植物的经历，是他一生中最快乐的时光。他在里奥内格罗省与南美牛仔一起骑马打猎，准备晚餐，躲避叛军。德罗萨将军（General de Rosas）给达尔文留下了深刻的印象，他允许达尔文自由考察。

阿根廷，里奥内格罗省（Rio Negro）

达尔文成为"小猎犬"号上的博物学家

在"小猎犬"号航行前的许多年间，年轻的达尔文在父亲眼中就是一个无所事事、让人失望透顶的孩子，父亲对他投入了大量的金钱。他对科学的好奇与当牧师的兴趣促使他离开爱丁堡大学，不再攻读医学，而是去剑桥大学学习神学。

尽管达尔文还不确定自己一生想从事什么，但是他有一个强烈的道德准则，让他成为探索人类本性的敏感的观察者。他的外祖父约赛亚·韦奇伍德（Josiah Wedgwood）是著名的废奴运动者，达尔文对废奴事业也是热情高涨。在"小猎犬"号航行时，他经常会在日记中写道，南美洲奴隶和契约工的境遇，让他感到震惊和诧异。

在海因斯（Henyns）和詹思罗（Jenslow）拒绝"小猎犬"号上的职位后，达尔文接受了这个职位。在剑桥大学期间，达尔文因为温和善良、勤于思考而出名，这两个人决定把工作机会让给他。此时，达尔文正处在人生的关键时刻，他把这次为期两年的航行看作一次证明自己的机会，也是一次探索博物学家生活真谛的机会。他在航行过程中的研究方法和推论深受他人作品的影响，但是他长时间独自深耕这一领域，给他带来了很多信心，让他提出自己的见解。

1836 年 10 月 2 日

英国法尔茅斯

5 年之后，"小猎犬"号回到英格兰，达尔文已经成为名人。他需要进一步研究运回国内的那些样本。剑桥的上流人士都对他在南美洲的地理探索赞誉有加。

1836 年 1 月 12 日

澳大利亚悉尼

达尔文在澳大利亚度过一段闲适的时光，在日记中记录了自己的思考：澳大利亚的动物是如何做到如此独特，与世界上其他地方的动物都不一样的。

1836 年 6 月 1 日

南非开普敦

当达尔文看到开普敦外严酷的沙漠环境时，他意识到动物体型大小未必与它们的摄食量相关。晚餐时，他和同行科学家们讨论了上帝的自然法则。

1832 年 12 月

阿根廷，火地岛（Tierra del Fuego）

"小猎犬"号将 3 个火地岛人（Fuegians）送回了他们的部落，此前菲茨罗伊船长（Captain Fitzroy）航行中带走了他们。达尔文惊讶地发现，这几个人通过与船员们朝夕相处和在英语环境中生活，很多方面已经发生了改变。

或许他乘坐"小猎犬"号最值得一提的旅程，就是前往太平洋上的加拉帕戈斯群岛。

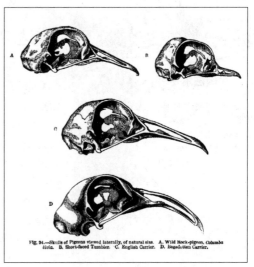

Fig. 24.—Skulls of Pigeons viewed laterally, of natural size. A. Wild Rock-pigeon, *Columba livia*. B. Short-faced Tumbler. C. English Carrier. D. Bagadotten Carrier.

▲ 在加拉帕戈斯群岛，达尔文注意到不同的雀类因摄取的食物不同，喙部的形状也有差异

2000年，达尔文的头像取代狄更斯出现在10英镑钞票上。2017年，他又被简·奥斯丁取代。

▲ 达尔文的祖父埃拉斯穆斯·达尔文在提出物种嬗变的理论后备受排挤

堡大学却成了达尔文培养自由主义思想的理想之地，这里遍布激进派，他们会对那些骇人听闻的革命性理论进行辩论，而这在牛津大学和剑桥大学是永远不会被容许的。

然而，爱丁堡的开放思想也未能留住达尔文，1827年他来到剑桥大学学习神学，希望成为一名牧师。虽然他对神学并不是特别热衷，但是他的课程却能让他追求自己的真正爱好，那就是收集昆虫。

1831年从剑桥大学毕业后，达尔文希望在教会中谋求一个职位，但是一个机会从天而降，这个机会将满足他日益强烈的对生命的好奇心。"小猎犬"号（HMS Beagle）邀请他以"尊贵的博物学家"身份，进行为期两年的环球航行。不过，原计划两年的航行最终变成了五年，这一时期，达尔文走访了四大洲。

这个千载难逢的机会让年轻的达尔文吃尽了苦头，他严重晕船。据说在出航的最初几个星期，达尔文唯一能吃的食物就是葡萄干，这是他唯一吃完后不会因晕船呕吐的东西。不幸的是，这是达尔文成年后第一次生病，使他长期身体虚弱。一种现代理论认为，达尔文在这次旅行期间患上了热带病，此病一直折磨着他，直到1882年去世。

但是，疾病从未妨碍达尔文的研究，他在旅行中不断收集动物样本。或许他乘坐"小猎犬"

号最值得一提的旅程就是前往太平洋上的加拉帕戈斯群岛，船只在那里停泊了一个多月。达尔文研究了雀类、反舌鸟和陆龟。他对这些动物进行了彻底的研究，并注意到不同的雀类因摄取的食物不同，喙部的形状也有所差异，这是他第一次认真地思考自然选择。

1836年，达尔文回到家乡，开始思考这次出行考察的整个经历。他发表了一篇游记，他所思考的进化论思想已经初见端倪。但是他忧心忡忡，他的情感是矛盾的，他为自己的发现与他的基督教信仰相矛盾而感到困扰，他担心自己的思想引发争议，受到社会的排挤和谴责。

为了实现自己的愿望，达尔文决定继续研究自己在旅行中收集到的标本，继续研究自己的想法，收集足够的证据证明自己的观点。到1838年，他所记录的想法形成了《物种起源》的开篇。他的研究一直是私下里进行的；他有太多的担心，这也意味着只有他和亲朋密友才知道他的理论。

不过，达尔文航行回来之后，除了科学，他还有其他的事情需要关心。1839年1月29日，他迎娶了姐妹艾玛·韦奇伍德（Emma Wedgwood）。很明显，婚姻对科学家达尔文来说并不是很重要，他曾经列举出婚姻的优缺利弊，思考是否应该结婚，谈到优点时他愉快地写道，一个妻子总要"比一条狗好"，能跟自己"一同欣赏音乐和促膝聊天"。谈到缺点时他提到，"要被迫拜访一些亲戚，买书的钱变少了"。

虽然婚姻或许让达尔文陷入进退两难的境地，但他还是和艾玛生育了10个孩子。遗憾的是，有3个孩子早逝了，其中大女儿安妮年仅10岁就离世了，这对达尔文打击非常大。孩子们时常疾病缠身，安妮去世后他开始着手研究近亲繁殖的缺陷问题。

然而不久后，达尔文的关注点就不得不从家庭中脱离出来，重新回到科学研究上。1858年，达尔文收到一封信，这封信来自达尔文的一位长期仰慕者阿尔弗雷德·罗素·华莱士（Alfred Russel Wallace）。华莱士受达尔文乘坐"小猎犬"号环游世界旅行的激励，也开启了自己的考察之旅，他得出了和达尔文一样的自然进化理论，关于如何出版自己的发现，他要寻求心中的英雄达尔文的建议。

达尔文想到自己的理论还未公之于众，于是颇为心烦意乱。达尔文率先研究和总结出了自然进化思想，他不希望由华莱士独享这一思想的全部荣誉，但是他知道华莱士的研究是正确合理的，也不想贬低他。华莱士当时还在国外，无法取得联系，所以达尔文不知道自己该怎样做才不违反道德。

最终，达尔文决定将自己的进化论思想公之于众。为了解决与华莱士之间的问题，达尔文将华莱士的观点一并公布。他将二人关于进化和自然选择的思想提交给了英国顶尖的自然史研究机构林奈学会（Linnean Society）。华莱士后来回国后，认为达尔文的做法非常公平。

尽管华莱士和达尔文都被认为是自然选择思想的发现者，但是达尔文在接下来的1859年出版的《物种起源》让华莱士黯然失色。达尔文的研究成果极大地激发了公众的想象力，这是一个了不起的成就。《物种起源》持续畅销，被翻译成多种文字。但是，并不是每个人都接受达尔文的观点。教会神职人员谴责达尔文是渎神者，因为书中的内容与《圣经》中神创造世界的观点相违背。不过，也有些宗教人士把达尔文进化理论解释为是上帝创世造人的工具。达尔文的理论不仅在宗教界和科学界引发争议，也成为大众文化的一部分。当时很多报纸都戏谑、嘲笑、讽刺达

近亲繁殖的影响

1839年，达尔文迎娶表姐艾玛，他们生育了10个子女。不幸的是，其中3个在幼年或者童年时期就去世了，包括尚在襁褓之中的一个儿子、一个女儿，还有一个女儿安妮在10岁时去世。

安妮的死对达尔文的影响甚深，他开始研究近亲繁殖的问题。他基于兰科植物生命和发展过程中自体受精的负面影响，开始质疑是否因为自己与艾玛的婚姻和血缘导致孩子们体弱多病。

他很担忧这一点，于是试图去改变当时关于表亲缔亲的婚姻法。在1871年人口普查时，他游说在调查时增加有关这个问题的条目，但是被断然拒绝了。毕竟，质疑表亲之间的婚姻道德问题，挑衅了维多利亚女王，因为女王本人就嫁给了一位表弟。

幸运的是，达尔文其余7个孩子都很长寿，生活也很幸福，都继承了达尔文的探索精神和聪明智慧。其中3个儿子因在天文学、植物学和土木工程方面的卓越贡献，分别被册封为爵士。

尔文，特别是对他的人由猿类演变而来的观点大加嘲讽。

1860年6月，牛津大学举办了关于进化论的辩论会，达尔文最忠诚的支持者们与宗教领袖正面交锋。这场辩论通常被认为是宗教与科学之间关系的转折点，塞缪尔·威尔伯福斯主教讽刺进化论的忠实拥趸、达尔文的密友托马斯·赫胥黎（Thomas Huxley），讽刺他的祖先是猿猴，赫胥黎则进行了针锋相对的回击。双方都觉得自己获得了辩论的胜利。无论谁输谁赢，都可以看到达尔文的进化论思想强烈地震撼了维多利亚时期的社会。

尽管最初达尔文心有所忌，但还是能够忍受人们对进化论的嘲笑和怀疑，也不对别人的批评耿耿于怀。1871年，达尔文不再犹疑不决，开始探讨人类如何从猿类演化的问

关键时刻

1831年，开启"小猎犬"号航行
1831年毕业后，达尔文一心想在教会寻到一个职位。幸运的是，他被邀请以"尊贵的博物学家"的身份登上"小猎犬"号进行航行。达尔文无法拒绝这个千载难逢的机会，他接受了。最终航行持续了5年，在此期间，达尔文探索了四大洲当地的野生动物和地质。

▲ 达尔文乘坐"小猎犬"号航行了5年，穿越了四大洲

时间轴

1808
1808年2月12日，达尔文出生
达尔文出生在一个自由富裕的家庭。尽管他接受的是基督教教育，但他的家人思想开放，祖父埃拉斯穆斯·达尔文提出过物种嬗变的思想。

1825
1825年，在爱丁堡大学登记入学
达尔文和他的父亲一样，在爱丁堡大学学习医学。但是，他很快就发现从事场面血腥的外科手术工作不适合自己。爱丁堡学校里面有很多志趣相同的激进思想家。

1827
1827年，向南部发展
达尔文决定离开爱丁堡放弃医学，为谋求神职他进入剑桥大学学习神学。虽然他对神学并不是特别热衷，但是在这里他可以追求自己的真正爱好，那就是收集昆虫。

1836
1836年，回到英格兰
达尔文回到英格兰后，决定先不公开自己的进化论观点，他希望通过研究自己在旅行中收集的各种标本，寻找更多的证据支持自己的观点。

1839
1839年，迎娶艾玛·韦奇伍德
达尔文逐条衡量了迎娶表姐艾玛的利弊之后，认为两人的相互陪伴，要胜过自己对智性对话的需求。

题，在最新出版的《人类起源》（the Descent of Man）一书中，他清楚地阐述了自己的进化论观点。虽然维多利亚时期的人们对进化论观点不一，但是达尔文的理论获得了越来越多的认可，许多著名人物都转而拥护达尔文的观点。

　　达尔文的健康状况每况愈下，他隐居在肯特的道恩（Downe）乡下家中，妻子和孩子照料着他。他很少接待访客，也从来不会因病痛而停止工作。1882年4月19日，达尔文离世，尽管从宗教立场而言他是不可知论者，但是他向妻子艾玛表示希望把自己安葬在当地。然而，他的亲密朋友们却有不同的想法，最终他被安葬在威斯敏斯特教堂。

▲ 当时许多人讥笑达尔文，特别是他的人由猿类演化而来的观点备受嘲讽

关键时刻
1859 年，发表进化论理论
达尔文担心华莱士在他之前发表进化论思想，于是在1858年将自己的进化论思想公之于众，同时将华莱士的观点一并交给林奈学会，与华莱士同享殊荣。1859年，达尔文出版了《物种起源》，此书一经出版就成为畅销书。不过，该书在宗教界引起争议，有些人认为达尔文渎神。尽管如此，许多人都认可达尔文的进化论观点，不到一代人的时间，他的书就成为科学家们的必读书。

关键时刻
1969 年，《物种起源》（第五版）出版
作为对批评者的回应，达尔文修订了《物种起源》以加强他的论点。在第五版中，达尔文引用了经济学家赫伯特·斯宾塞的"适者生存"一词——常被误以为出自达尔文。这个词很符合达尔文的思想，"自然选择"往往具有潜在的宗教含义，而"适者生存"是解释达尔文理论的最合适的方式。

▲《物种起源》第五版使用了著名的"适者生存"

858

1858 年夏天，华莱士写信给达尔文
1858年夏天，达尔文收到仰慕者阿尔弗雷德·罗素·华莱士的来信，询问他怎样出版自己独立发现的自然选择问题。这促使达尔文将自己有关自然选择的思想公之于众。

1860

1860 年 6 月，牛津辩论会
达尔文最忠诚的支持者们同主教塞缪尔·威尔伯福斯展开正面交锋，在英国科学促进会（British Association For the Advancement of Science）的会议上展开一场辩论。辩论在牛津大学举行，辩论结束时双方都认为自己获得了胜利。

1871

1871 年，人类的起源
达尔文此前一直回避解释人类的进化，现在他鼓起勇气，在最新出版的《人类起源》一书中，明确指出人类是从猿类进化而来的。

1882

1882 年 4 月 19 日，达尔文去世
达尔文饱受病痛的折磨，在妻子和几位密友的陪伴下离世。虽然他希望安葬在当地墓地，但最后还是被安葬在威斯姆斯特教堂。

日常生活

让我们走进维多利亚时代的社会，看看那些在工厂中辛勤劳作的人，以及那些寻求医疗救助的不幸灵魂

EGYPTIAN HALL.

工薪阶层家庭

**街道狭窄逼仄，卫生条件恶劣，
这样的生活条件让民众几乎难以忍受**

　　由于工厂在很短时间内吸引了大量乡村工人拥入城市，城市住房设施受到挑战。现在城市中迫切需要更多的经济实用的房屋，这个问题如何解决？答案是背靠背房屋。这些都是空间不大的排屋，每所房屋可以容纳9个成人和孩子居住、睡觉和吃饭。当时几乎还没有什么建筑法规，所以建筑质量通常很差，房屋潮湿，排水系统糟糕。那些只能付得起地下室租金的住户，居住条件最恶劣，因为房屋最低层通常是潮气渗透最严重的，而拙劣的排污系统意味着地下室经常会被下水道堵塞漫出的人类排泄物淹没。

阁楼
阁楼中的床主要租给单身工人，不过有时候也会多家合租一间阁楼。

户外厕所
背对背房屋没有卫生间。7所房屋总共大约60人，共用一个户外厕所！

洗漱
工人们会在厨房炉灶前面的锡桶里洗澡，用盆洗衣服，然后用烘干机烘干。烘干机是工业革命的一项发明。

卧室
全家睡在一间房屋中，两三个孩子睡一张单人床。男孩和女孩4岁后就会被送出去工作。

起居室
厨房、餐厅和起居室共用一间，多个工人和家庭住在一起。典型的一餐是面包和稀粥。

墙体
墙体很单薄，建筑质量很差，墙壁根本不隔音，潮气和污水轻易就能渗透过来。

背靠背房屋
为了提供尽可能多的住房，房屋通常背靠背成排建造。房屋几乎没有院落。

地下室
地下室是整栋房子中租金最便宜的，这里阴暗、潮湿，散发着下水道渗透的恶臭气味。

饮用水
有些家庭比较幸运能使用水井和水泵，对很多人来说，获得淡水的唯一方法就是拿着桶去接雨水。

115

生活条件与健康状况

英国工人拥入城市，城市人口激增，
生活在贫民窟中的人们为生存而斗争

毫无疑问，维多利亚时期的英国发生了不可逆转的变化。简单举例，人口从1851年不到1700万快速增长至1901年的3250万，增加了近一倍。工业革命催生了一个崭新的时代，为了摆脱贫穷、疾病和绝望，人们搬到城市寻找工作机会。

如果说城市生活过于拥挤，那还是一种比较轻描淡写的说法。住房扩建难以满足人口激增带来的迫切居住要求。工厂主可能会给工人们建造住所，但仍会有多个家庭同住一个屋檐下。随着铁路的开通和富人区的迁移，城市景观发生了巨大的变化，贫穷阶层被迫挤到越来越小的区域当中。一排排的廉租公寓拔地而起，这些房屋只有正面的窗户，暖气和自来水这样的奢侈品对穷人来说就是一个遥不可及的梦想，只有特权阶层才会拥有。

在英国城市比较贫困的居民区中，居民的生活空间不仅狭小逼仄、极不舒适，还是滋生疾病的温床。共用的饮水设施是一根竖直水管，为几百人提供用水。水

> 19世纪30—60年代，伦敦霍乱疫情死亡人数约40000人。

那些生活极端贫困的
引起了查尔斯·狄
更斯等作家们的关注

▲ 维多利亚时代的贫民窟——很多家庭挤住在一起——是滋生各种疾病的温床

源通常是附近的河流，但这些河里很可能隐藏了很多的垃圾。

19世纪上半叶，关于污染最流行的理论就是瘴气传染理论。医生认为疾病是通过空气传播的，应对瘴气需要家庭采取措施，例如一直要开窗保证经常通风，放置一盆水吸收空气中滋生的细菌和杂质。

但是，开窗通风并不能解决不可避免的污水和垃圾处理问题。富裕的家庭会有一个卫生条件很好的户外厕所，通常都是很干净的，可以雇清洁工把粪便拉走。但是，许多人雇不起清理厕所的清洁工，粗心的房东们也不收拾。许多人共用一两个厕所，下水

道的粪便会淌到大街上，构造拙劣的蓄粪池和质量低劣的砖墙让粪便很容易渗出，地下室就变成了大粪池。这些脏污不仅会渗透到地下室，还会渗透到供水系统中。

在贫民窟，疾病是一个持续而紧迫的问题，但是直到19世纪初，全英第一次暴发霍乱，才让人们真正展开了调查。埃德温·查德威克（Edwin Chadwick）为改善英国城市卫生状况四处奔走，他委派一些医生调查城市卫生状况，并根据他们的结果，于1842年出版了全国性的研究报告，但是没有人重视他的成果。在1844年调查的50个城镇当中，有31个城镇饮用水供应不卫生，或

修建伦敦污水处理系统，差不多使用了3180万块砖。

▲ 描绘"伦敦大恶臭"的插画，这一事件最终促成了伦敦排污系统的修建

者是不如人意。1849年的研究报告显示，抽取的伦敦市中心15000所房屋样本中，有5000多个不适合居住，卫生条件不健康。而且，直到1848年霍乱再次大暴发，《公共卫生法案》才获通过，卫生委员会方告成立，查德威克当选为委员。

但是，情况并不如人意，建立地方性委员会意味着中央对其很少会实施管控。对未来充满信心的查德威克和他的委员会并不受欢迎，其权力被逐渐剥夺，直到1865年再次暴发霍乱，情况才有所改善。1866年《卫生法》(the Sanitary Act）确保污水处理、街道清洁及供水都由地方当局负责。1868年，一个皇家委员会成立并正式实施了改造居民卫生条件的系列举措，包括住

房问题和污染问题。与此同时，1875年《公共卫生法案》得到进一步推进，城市出现真正的变化。

在研究瘴气致病理论的同时，伦敦耗费巨大精力处理家庭内部和地下的污水问题，但是他们没有考虑污水的最终去向问题。1858年，出现了传说中的"伦敦大恶臭"（Great Stink of London）事件，泰晤士河积满了人们的粪便垃圾。恶臭气味困扰了议会大厦，直到此时政府才果断采取行动，修建了伦敦下水道系统。工程设计者为约瑟夫·巴泽尔杰特（Joseph Bazalgette），下水道系统在应对当时各种流行病过程中发挥了重要的作用。

"空气"媒介传染霍乱的观点也受到挑战。

先驱者约翰·斯诺医生（Dr John Snow）对霍乱在贫民窟肆意蔓延的情况进行了研究。他明确指出，被污染的水才是导致霍乱流行的罪魁祸首。斯诺博士对圣安妮教区（St Anne's Parish）的开创性研究表明，霍乱暴发的源头是污水渗入了井水中，还有死于霍乱腹泻的婴儿的排泄物稀释后渗入。最后，维多利亚时代的人们对疾病的认识和理解也发生了变化。第二年，斯诺说服苏活区的监管委员会拆掉宽街上水泵的把手，霍乱病例

数量随之迅速减少。不过，仍有人拒绝科学，固守可笑的家庭疗法。

社会底层人群不仅要担心水源问题，还要担心食品掺假、腐坏或者不安全的风险。面包通常会使用白垩或者明矾（磷酸铝钾）作漂白剂，这样做出来的面包会更好看，斯诺认为这是婴儿佝偻病发病率居高不下的原因。与此同时，国家没有相应的法规，以确保售卖的肉类无污染、水果不腐烂。为了让所售产品看起来更有卖点，商贩

 ## 马上加入禁酒协会！

禁酒运动在维多利亚时代之前就开始了，随着工业革命的开始，戒酒运动获得了更多的动力和支持。从关心工人表现的工厂主，到具有强烈宗教信仰的地方团体，再到关心公众酗酒问题的富有慈善家，维多利亚时代出现了几个非常具有影响力的禁酒团体。

第一次全面禁酒运动于1832年在普莱斯顿（Preston）开始，此前两年曾出台《啤酒法案》（the Beer Act，根据法案，办理售卖啤酒的执照只需花费两几尼，即42先令）。约瑟夫·利夫西（Joseph Livesey）领导的团体签署了禁酒承诺。他的一个同行发明了一个词语"绝对禁酒"（teetotalism）。随着人们文化程度的提高，关于禁酒的各种宣传材料得到越来越多人的关注，例如画家乔治·克鲁克香克（George Cruikshank）创作

的阐述酒精危害的著名作品《酒鬼圣经》（The Drunkard's Bible）就流传甚广。

宗旨是什么？喝一口酒，就会让家里的好男人失去人性，人生就会走向滑坡，而清醒才是通向虔诚和有益的道路。禁酒社团成员自己以弱示人，直面大企业和公众的嘲笑。

禁酒运动之所以如火如荼，得益于社会上层的支持，他们关心犯罪等问题。这些慈善家认识到城市贫民窟糟糕的境遇，他们希望寻找解释，为什么这些人的生活如此悲惨，他们找到的一个答案就是酗酒。

到19世纪上半叶末期，禁酒运动失去了一些人的支持，因为大家越来越清楚造成贫民窟恶劣生活状况的原因是复杂的，不过禁酒运动又延续了数十年。

进步与发展

麻醉剂
1846年之前，医疗过程中还很少使用麻醉剂，这一年开始，医生开始使用乙醚进行麻醉操作。1847年，詹姆斯·辛普森（James Simpson）引入氯仿，麻醉使用开始普遍。不过，直到1853年维多利亚女王生育莱奥波德王子时，约翰·斯诺使用了麻醉剂，这项医学革新才被普遍接受。
1846—1847年

霍乱源自水源
维多利亚时代最重要的时刻之一是，约翰·斯诺医生发现了被污染的水是霍乱暴发的源头，当时整个伦敦都笼罩在霍乱的阴霾中。将疫情严重的苏活区水泵把手关掉以后，霍乱感染病患的数量也急剧下降。
1854年

伦敦污水处理系统
1858年"伦敦大恶臭"暴发后，议会大厦悬挂用浸泡了石灰水的麻布以阻挡熏鼻的恶臭气味，政府终于意识到伦敦需要一个合适的污水处理系统。约瑟夫·巴泽尔杰特设计建造了遍布全城的82英里的砖砌排污系统，城市的污水垃圾得到有效处理。
1859—1875年

们会随意添加各种化学添加剂，例如格罗斯特硬干酪（Gloucester cheese）中的铅丹或者啤酒中的铁硫酸盐（能够在表面产生泡沫效果）。1863年的一份研究表明，英格兰和威尔士肉店抽检的肉类五分之一不合格。1860年政府首次出台《食物卫生法》（Pure Food Act），不过直到1872年第二部法案推出，它们才开始产生效力。

设法养活自己的家人，不要让他们被送进济贫院，这些都需要人生智慧和强健体魄。大

街上的小商贩（卖小商品谋生的男女们）相对幸运。扫路工们依靠为上流社会清扫道路谋生，其中有些人会翻看路边垃圾寻找能卖的东西补贴家用，还有些人在泰晤士河岸到处翻捡有价值的东西。这些人主要是儿童和上了年纪的妇女，她们被称为拾荒者，也从人的粪便及污泥中寻找值钱的东西。她们跟那些专门寻找狗粪卖给制革厂的搜粪者差不多，当时鞣制皮革需要使用野狗粪制作鞣剂。在矿井或者工厂工作的人们，则要面临

▲ 19世纪末期，英国贫民窟的影像越来越多地进入大众文化当中，艺术家通过创作展现了这里的悲惨生活

抗菌剂

受巴斯德（Pasteur）工作的启发，约瑟夫·李斯特（Joseph Lister）认为可能是空气中的微生物感染伤口后导致病患死亡。使用石碳酸给伤口消毒，灭菌效果非常显著。当医生实施外科手术的时候，李斯特用石碳酸喷洒了手术室。

1867—1871年

《公共卫生法案》

英国政府花费数十年努力改善公共卫生，结果却收效甚微。最终，政府在1875年颁布《公共卫生法案》，该法案借鉴了约翰·斯诺和埃德温·查德威克的工作成果，解决污水、自来水、住房、卫生和污染问题，并确保地方政府承担起相应的职责。

1875年

X射线

这个时代最后也是最重要的一项医学发现是X射线，是由威尔海姆·康拉德·伦琴偶然间发现的。几乎忽然之间，医生就能够确认骨折和其他疾病的情况了，X射线在发现一年之后即投入使用。

1895年

通告
霍乱!
饮食应有节制

勿饮冷水，尤其勿饮烈性酒，如果实不能戒断，应有节制，少饮为宜。

主要流行病

霍乱

1832 年至 1866 年暴发的霍乱夺去数万人生命。

1848 年，一周内死亡近 2000 人。

最后一次暴发时间在 1866 年，源于伦敦下水排污系统工程缓慢。

梅毒

1864 年，每 3 个身体不适的军人中，就有一个患有血管性痴呆。

病人会被安置住院治疗，但医院条件很差，此病亦无法治愈。

《传染病法》规定，任何被怀疑是妓女的妇女都可能被拘留和检查。

斑疹伤寒

斑疹伤寒发现于 19 世纪 30 年代，1837—1841 年，每年新发病约 16000 例。

当人群同用一处水源时，一个人可能会感染整个社区。

勿将此病与同样致命的伤寒混淆，阿尔伯特亲王死于伤寒。

▲ 正在建设中的伦敦的重要排污工程

哮喘、黑肺病、贫血和一系列呼吸系统疾病的风险，更不用说每天工作 10~12 个小时导致的脊椎和循环系统疾病了。

伦敦贫民窟的恶劣生活条件也引起了一些人

的注意。19世纪初，一些作家满怀同情地对那些生活环境拥挤不堪、卫生条件极为恶劣的人的困苦生活进行了描摹。直到19世纪50年代，贫民窟的这些状况才广为人知。众所周知，查尔斯·狄更斯游历了伦敦贫民窟，将他的经历写入了小说《雾都孤儿》和《小杜丽》（Little Dorrit）当中。狄更斯对这些"堕落女性"的塑造，已经成为那个时代的原型之一，即可怜的少女因为身

在19世纪中期，最常见的医疗方法之一是"换气"，比如到海滨呼吸海风换气。

处恶劣环境，百般挣扎仍无出路，只能走上卖淫的无奈之路。

记者们把这样的故事从穷街陋巷传播到上流社会的沙龙客厅当中。亨利·梅休（Henry Mayhew）创作了系列文章，收入《伦敦劳工与伦敦穷人》（London Labour And The London Poor）之中，文章采访了在城市街道工作的男性、女性和儿童。他的作品和狄更斯的作品一样具有影响力，改变了上流社会对贫民窟居民的观念。被迫住进贫民窟的人，是因为经济上的压力，而非道德上的越轨或者瑕疵。社会上等阶层和中等阶层开始意识到，这不是一个能够简单归类或者不屑一顾的问题。

随着越来越多的公众关注，针对伦敦最糟糕地区的慈善事业也迅速发展。狄更斯建立了乌拉尼亚小屋（Urania Cottage），以帮助那些从事卖淫的女性。1860年，丹尼尔·吉尔伯特（Daniel Gilbert）在仁慈修女会（Sisters of Mercy）的帮助下，在斯皮塔福德创立了普罗维登斯之路（Providence Row in Spitalfields），乔治·皮博迪（George Peabody）在商业街建立了基金会。这些个人的努力当然帮助了那些有机会可以利用它们的人，但是提高人们对贫民窟状况的认识是一个漫长的过程。白教堂区、贝斯纳尔·格林（Bethnal Green）、斯皮塔福德和老尼克尔区（The Old Nichol）都曾经是臭名远扬的地方，人们的态度在发生变化。贫民窟现象，让富人们见到了另一部分人的生活，让他们目睹了什么是赤贫。一年又一年，越来越多的英国民众认识到这种情况必须得到改变。

堕落女性的困境

"堕落女性"是维多利亚时期文学的主题，也是当时接受慈善事业资助最主要的对象。查尔斯·狄更斯和首相威廉·格莱斯通不遗余力地向公众宣传这些女性的艰难处境，她们因为各种原因，被迫在街道从事这样的营生，他们希望通过宣传提高民众这方面的认知。

当时在社会上层中有一种认知，认为在城市贫民窟中生活和工作的人道德水准低下，奉行享乐主义。同样，很多人都认为一个女人一旦堕落，就不可能救赎了。一些帮助这些女性的人，例如创建乌拉尼亚小屋的狄更斯，曾竭力说服那些可能伸出援助之手的捐助者，告诉他们这些女性并非无可救药，只要获得适当的救助，她们就可以重新回归道德的生活方式。这也意味着这种救助通常要有严格的指导，狄更斯与乌拉尼亚小屋的共同创立者安吉拉·伯德特-库茨（Angela Burdett-Coutts）会认真地采访那些需要帮助的人，与她们深入地交谈。

对堕落女性的生活方式进行纠正和救助，做得最糟糕、最骇人的就是妓女收容所（Magdalene Asylum）这样的机构，有几家收容所虐待这些妇女，用粗暴手段纠正她们"离经叛道"的行为。基于憎恶和恐惧的心理，人们对这种事件表现出了极度的麻木和厌恶。

▲ 1851年理查德·雷德格雷夫（Richard Redgrave）的《无家可归者》（The Outcast），描绘了一个男人将自己女儿及其私生子赶出家门的情形

阳光大海与社会崩溃

铁路交通的兴起，方便了普通大众去海滨度假胜地消暑休闲，
这对维多利亚时代的传统道德提出了挑战

▲ 女性泳装的设计维持了端庄的仪态

▲ 1900年左右拍摄于肯特郡马尔盖特（Margate）。维多利亚时代这里是游乐园，后来发展成梦幻岛（Dreamland），延续至今

从沙堡到炸鱼薯条，从滩头漫步到娱乐码头，与海滨旅游密切相关的许多事情，都可以溯源到维多利亚时期的夏日休闲时光。这类海滨娱乐我们现在认为理所当然，甚至都有些老掉牙了，但是在当时都算得上是革命性的变化，有些甚至被认为有伤大雅了。因此，还出台了一些严格的规定，不过，即便是维多利亚时期严苛的道德标准，也无法阻挡滚滚涌来的时代潮流。

海滨漫步

在维多利亚时代初期，去海滨旅游并不是什么新鲜事，至少对社会上层来说如此。实际上，乔治国王时期就开始流行"下水游泳"能改善健康的观念，简·奥斯汀在她的两部小说中提到温泉小镇巴斯（Bath），在《劝导》（*Persuasion*）中提到海滨城市莱姆里吉斯（Lyme Regis）。正如奥斯汀试图展现的那样，海滨旅游表面上看是为了享受清新的空气，锻炼自己的身体，但实际往往是社会上层用以交际和炫耀的途径，证

海滨城市可以帮助人们暂时远离污浊的空气。

明他们自己不用工作也可以生活，可以住豪华酒店，去剧院看戏，在聚会上穿最时髦的衣服。

以健康生活名义来表现自己的最经典例子是海滨漫步。沿着海滨漫步的确可以锻炼身体，不过在那样一个长长的"露天舞会"或海滨广场上散步，就像在时装展上走T台的模特一样，会被公众"欣赏"——你穿上最漂亮的服装优雅地走过，收获众人艳羡的目光。海滨漫步在维多利亚时代开始流行，第一座游人码头建于19世纪50年代，给游客和船只提供了漫步和停泊之地。

像巴斯和哈罗盖特（Harrogate）这样的温泉小镇，在维多利亚统治时期已经吸引了大量的民众，医生也越来越多地建议人们去海边度假胜地

▲ 维多利亚时期的一幅人物漫画，表现了女性雇用"入水者"，帮她们下水

沐浴机为维多利亚时期女性争取自由多少发挥了一点儿作用。

旅行。主要是因为他们相信，令人心旷神怡的海风含有所谓的"臭氧"或者"活性氧"，而这些正是预防疾病的"中流砥柱"，对治疗各种疾病也非常有帮助。

阿尔伯特亲王是科学和健康生活方式的积极倡议者，1845年他在海边建造了一座全新的皇家庭院即怀特岛上的奥斯本楼，王室成员每年的7—8月就在这座富丽堂皇的度假宫殿度过许多时光。1861年阿尔伯特亲王去世之后很长一段时间，维多利亚女王都依然会如期去那里度假。

现在我们知道，维多利亚时期的海滨海风能提供所谓活性氧的认识是错误的。但是，在一个城镇和城市迅速工业化的时代，海滨城市的确可以帮助人们暂时脱离污浊的空气。

不过，烟雾弥漫的工业革命也带来了铁路便利的交通。这一崭新的交通模式可以让人在几个小时内快速到达全国各地，它缩短了旅行时间，为人们度过宝贵的休闲假期提供了无限可能。虽然车票票价昂贵，但是维多利亚时期迅速发展起来的中产阶级能负担得起，他们也渴望追随贵族去他们所到之地。

▲ 1900年左右，泰恩威尔郡（Tyne and Wear）的泰恩茅斯沙滩（Tynemouth Sands）游乐场

沐浴机

19世纪50年代以后，男性在海里洗澡沐浴很普遍，一些人甚至会在海里裸泳。但是，随着海滨假日旅游越来越受欢迎，这样的做法显然不合时宜了。越来越多的人想分享怡人的海滩，其中也包括很多妇女和儿童。维多利亚时代的价值理念和正统观念，要求人们遵守基本的社会礼仪。

例如，广受大众追捧的海滨散步，未婚女子散步时必须请已婚女士（家庭成员或朋友）陪同出行，散步的时候要确保与男性保持严格的社交界限，避免任何不必要的、不道德的搭讪。在海滩上，这些要求就是维多利亚时代礼仪的梦魇，涉及海滨沐浴这个棘手的问题时尤其如此。

海滨沐浴被认为是一种非常健康的休闲活动，在维多利亚时期的女性中通常也很受欢迎，虽然女性海滨沐浴可能不像男性那样频繁，但是它展现了一个很小但是很重要的变化，即对女性

应当做什么、不应当做什么的态度发生了变化。不过，需要着重指出的是，女性在海中沐浴也就是在公开水域游泳是相当罕见的。人们认为，奋力划水和浸润水中都有益于健康，但最大的问题是，男人和女人如何在保持维多利亚时期端庄得体的基本礼仪的同时，从这些让人愉悦的活动中获益？

第一种解决方案非常简单直接，即规定男性和女性在海滩的不同区域沐浴。1847年，议会赋予地方当局新的权力，由他们判定异性沐浴时应该保持多远的距离。萨福克郡（Suffolk）的洛维克劳福特（Lowecroft）规定，"女性沐浴时，不得接近任何12岁以上男性可沐浴之地100码[①]以内的区域"。类似的规定在当时是比较常见的。

法律还规定，"女性需穿合适的长衣，或者其他合适的长裙或其他衣服，以免身体外露，形象不雅"。泳衣可能会很沉。有时还要将缀重物缝在泳衣里面，这样女性在水里时泳裙的裙边就不会漂浮起来，但在波浪起伏的水域，这些沉重的泳装可能会让人溺水。这样设计泳衣还有另外一个目的，就是防止晒黑皮肤。20世纪20年代以前，人们认为晒黑的皮肤很难看，只有在田野里耕种的农夫才有那样的肤色。在沙滩上，女性会用遮阳伞抵挡阳光照射。

虽然维多利亚时期的泳衣已经比较保守，但是在当时人们守旧的思想观念中，从沙滩走向大海的这段路，即便是男女分开的沙滩，也等同于现代的"蒙羞之旅"，所以她们常使用沐浴机。

严格来说，沐浴机可以追溯到18

———————————
① 1码（英制）约为0.9144米。

129

超级大隐身

这是呼吸清新空气或者进行海中沐浴最矜持的方式！

沐浴机
沐浴机的发明是为了维护维多利亚时期女士的端庄得体，使用人力或者马匹将其推入或拉入水中。沐浴的女性沿阶梯进入水中，尽可能让身体少暴露在外面。可以雇助手帮助你进入水中，去"泡个澡"而不是游泳，然后再让她帮你重回阶梯。

双重保护
如果帽子不足以抵抗阳光的暴晒，可以使用遮阳伞，除了遮阳，它还能挡普通民众注视的目光，被人追求的时候，还能用它遮住羞赧。

遮阳女帽
女士们先是选择遮阳女帽，后来是不太正式的草帽，以防止脸部被晒红。直到20世纪20年代，皮肤晒成棕褐色才成为一种时尚。

合适的浴帽
女帽的风格多种多样，戴上一顶帽子会让头发更妥帖顺畅。海中沐浴时只将胸部以下浸入水中就可以了，如果头进入水中是非常不淑女的。

新样式的领口
早期泳装多采用高领，这时被更放松的领口取代。为了保暖和端庄得体，泳装衣领紧扣，但是腰部会加束腰带，以突显女性气质。

高领御寒
穿一件高领衣服不仅看起来优雅镇定，还有助于遮挡海风，避免着凉。这样的衣服能保护胳膊免受太阳暴晒和蚊虫叮咬，领口和袖口精致的蕾丝也会更加突显女性的气质。

露出一点皮肤
这样的袖子设计更放松和开放，让手臂暴露在海水和阳光之下，虽然看起来有点有伤风化，但是运动起来更自由。袖口在之后的时期缩到胳膊肘以上。

避开猎奇眼光和昆虫叮咬
女士们经常穿长裙和衬裙盖住大腿和脚踝，以避免昆虫叮咬和男性猎奇的目光。裙子后部有一个裙撑，所以不方便坐在帆布躺椅上！后来出现了比较轻便的棉裙。

不知道会踩到什么
在海中沐浴并不包括游泳，所以出于庄重得体的需要，女性要穿上靴子或者鞋子盖住脚踝，特别是站在水中的时候，可以避免硌到鹅卵石或者踩到无法形容的海洋生物。

脚趾间坚决不能进沙子
无论是走在沙滩上还是在海边漫步，准备好一双结实的鞋子或者靴子都是明智的。鞋带要系紧，脚踝不要露出来。

讲求端庄，面料变沉
女性喜欢穿裤子或者短裙，偏爱厚重的羊毛材料。她们通常将这些元素结合起来，甚至加上缀重物，这样套裙就不会漂在水面露出里面的裤子。

世纪50年代左右，它们并非真正的"机器"，而是一个类似活动更衣室的四轮沙滩小屋，通常由马拉到海边。有些沐浴机门口装有帆布帐篷，可以降低到水面下，这样可以遮挡沐浴者，为她们提供更多的隐私。

沐浴机进到水面以下后，沐浴者从车里走出来——出口恰好能避开沙滩上人们猎奇的目光——进入水中开始划水。对那些没有游泳经验的人，也就是大多数身穿波浪形泳衣的维多利亚时代女性，沙滩度假地会提供"入水者"服务，即由一个身强体健的女人用小推车送沐浴者下水，洗完之后再将她们送回。想让沐浴机回来接应的时候，她们会发出信号在推车上面升起一面小旗子。

所有人的娱乐
维多利亚时代常见的海滨场景

海滨漫步
海滨漫步既能锻炼身体又能炫耀自己，在海边人们可以呼吸新鲜的空气、结识朋友，展现自己的时尚。最初，单身未婚的年轻女士或女孩散步要有人陪护，但是后来工人阶层男性和女性出行越来越多，很多人会将此当成"舞会"漫步，聊天和调情。

冰激凌
冰激凌的出现，打破了户外饮食的社会禁忌。维多利亚时期的著名厨师阿格尼斯·马歇尔（Agnes Marshall）宣称自己发明了冰冻设备，申请了冰激凌机专利，并制作了世界上第一个甜筒冰激凌。冰激凌小贩推着手推车在沙滩上来回兜售。当时的街头小吃还有鸟蛤、贻贝，以及最早的炸鱼薯条。

《潘奇和朱迪》（Punch and Judy）
这是一出非常活泼的木偶剧，剧中人物是一个无法无天的小丑和他的家人，起源于16世纪的意大利，这部剧在19世纪早期成为英国海滨旅游的一道风景。因为可活动展台的发明，木偶表演者能快速拆卸展台搬移，以寻找新的观众。为了迎合维多利亚时期的品位，潘奇的老对手魔鬼被换成了鳄鱼，他的情人美女波莉（Pretty Polly）角色完全删掉了。

骑驴活动
19世纪晚期开始流行的骑驴活动，很可能源于早期驴子驮运货物。以驴运输商品货物是当地工业发展的一部分，用驴子驮运成篓的鸟蛤和其他贝类，送货给街头小贩、酒店和寄宿公寓。骑驴活动颇受孩子们喜爱，一些成年人也很喜欢。在有些地方，山羊拉车也很流行。

乐队演奏台
维多利亚时期的人们喜欢在各地的公园里听露天乐队演奏，这种户外娱乐活动的气氛振奋人心，让人精神焕发，人们可以一天享受惬意的海风。

堆垒沙堡
为了让孩子们尽情享受沙滩的乐趣，这里会售卖涂有彩绘图案的薄铁小桶和小铁锹，图案通常是度假胜地或者沙滩场景。这些小桶和小锹可以使用多年，在沙滩堆沙堡是很流行而又相对便宜的娱乐方式。

娱乐宫殿
码头既是海滨长滩的延伸，也是重要的娱乐地点。码头会提供休闲娱乐的设备，还有镜子大厅，在这里人们可以远离海滩，让双脚保持清爽。大型码头还有音乐大厅举办音乐会，有些码头甚至拥有自己的火车轨道系统。

沙滩折叠椅
对维多利亚时期的人们来说，日光浴的概念还很陌生，但是他们确实感受到了躺卧休闲户外的好处。所以毫不奇怪，1855年折叠椅在美国申请专利。这种折叠椅最初在远洋巨轮和蒸汽船上使用，因此也被戏称为"甲板"，后来逐渐发展成了在一些港口城镇沙滩上使用的轻盈便携折叠椅。

这种沐浴机的应用是极其虚伪的，男性不必使用任何类似的设备，只是穿着紧身泳装就能下水。不过，沐浴机也以一种极为奇特的方式，为维多利亚时期女性争取自由多少发挥了一点儿作用，让她们能在保证隐私的情况下体验海中沐浴，而不是像许多其他活动那样，被完全排除在外。

在海边度假的人群中，另一个与众不同的群体是儿童。维多利亚时期的孩子们，根据自身所处的阶级和社会地位不同，要么是家族可期的未来，要么是恶劣环境下辛苦工作的工人。但是随着经济的日益繁荣，人们可支配的收入越来越多，也有能力全家人一起去海滨共度时光。那些曾经只能从远处羡慕那些享受海滩闲暇时光的"成功"人士的人，现在也可以亲身体验了。

前往海滨的机会越来越多，许多教堂、慈善机构和禁酒运动等社团开始组织各种旅行，即使是社会最底层的人也有机会参加。1871年《银行假日法案》（Bank Holidays Act）出台，规定所有人一年公休日为4天。这4天不带薪水——直到20世纪时才有法律保障带薪休假——但是，随着交通系统越来越发达，以及团体和组织补贴旅游费用，海滨假日旅游的性质也开始发生巨大变化。

海滨度假胜地

铁路开通之后，曾经的小渔村变成了熙熙攘攘的海滨度假胜地，越来越多的人到此聚集休闲。到19世纪中期为止，像布莱顿这样的度假城镇，在1841年的官方统计中，数量多达44000处。其他知名度较高的度假区还有黑潭和兰迪德诺，它们最初规模都很小，但是因为距离

▲ 1900年左右，东萨塞克斯郡（East Sussex）黑斯廷斯市（Hastings）沙滩前成排的沐浴机

工业中心曼彻斯特和英格兰中部地区（Midlands）不远，迅速发展成亲朋或者工友聚会寻找几小时娱乐的必去之地。

度假胜地市场需求量大，一些有经济能力的度假者甚至会住上一两晚，因此住宿就成了有开发价值的商品。一座座公寓和酒店拔地而起

以满足需求。度假区力求迎合上流社会人群的需求——例如，像布莱顿这样的地方与乔治时代的王室家族有关联，而莱德位于怀特岛，又与维多利亚女王的奥斯本楼接近——修建了一些大型豪华海景酒店。

但是对于黑潭和类似的全新度假区来说，缺

▲ 对想进行海水沐浴的女性来说，沐浴机很重要

▲ 人们在雅茅斯湾（Yarmouth）海滩消遣，一对年轻夫妇在嬉戏。照片拍摄于1895年

竞相修建码头
海滨城市竞相修建长码头以吸引游客

黑潭北码头

尤金尼厄斯·伯奇（Eugenius Birch）1862年设计了黑潭北码头（North Pier, Blackpool），1863年竣工。1867年码头被纳尔逊勋爵（Lord Nelson）的前旗舰闪电号（Foudroyant）撞坏，当时这艘舰船停靠在码头展览。19世纪70年代，码头扩建，修建了印度展馆和乐队演奏台。1892年、1897年，码头又被船只碰撞。

布莱顿码头

布莱顿码头的建造相对较晚，1891年开始，1899年竣工。为方便修建码头，先行修建了有轨电车轨道，但是项目完工之后轨道就拆除了。1901年，修建了可以容纳1500人的剧院，同时还有其他一些较小的展厅。

兰迪德诺码头

由詹姆斯·布兰利（James Brunlees）设计的兰迪德诺（Llandudno）码头始建于1876年，次年竣工。后来，又增建了许多建筑，1877年码头修建了乐队演奏台，1884年修建了一个展厅和游泳池。同年，码头又进一步扩建，达到后来的长度。

莱德

莱德码头是全英第一个类型比较独特的码头，位于怀特岛，距离维多利亚女王的度假别墅很近，因而成为一个知名景点。1814年开放，在长度和规模上都进行了各种扩建，其中包括沿人行道增设有轨电车。

| 500米 | 536.5米 | 699.5米 | 702.6米 |

少传统的影响甚至束缚意味着它们发展更自由，几乎可以说从零开始，白纸可以画最美的画。寄宿公寓和小酒店生意兴隆，但是，无论住哪里都适用一条规则：离海越近，价格越高。一些老板不择手段，用尽心思特别是利用所谓的"海景"景观，想方设法掏空客人的钱包。

随着海边度假区的发展，城镇的财富不断增加，给度假者们提供消费的机会也增加了。很多时候，当地扩建海滨度假区各种建筑设施就变得非常有吸引力，商家给度假者们提供了种类丰富、前所未有的娱乐活动。

在一些地方，度假区建筑规模很大，建设有多样化的室内娱乐项目。英国天气多变，不适合海边户外活动时，这些室内项目则可以满足人们的娱乐需求。水族馆、游乐中心、舞厅甚至马戏团都是常见设施和固定节目，足可娱乐观众，让他们花钱消费。典型的维多利亚时期的企业和发明、技术和机械都充分发挥了它们的作用。电灯照亮了滨海大道，由蒸汽推动的旋转木马和露天游乐场设施也多有所见。彼此竞争的度假区大做广告吸引游客——在黑潭与埃菲尔铁塔的微缩景

观亲密接触，能够尽享骄傲与成功，还有什么比这更好的方法？海滩没有被遗忘，只是成了整个度假区的一部分，不再是主角了。以往那种单纯的沙滩休闲，成为游客众多选择之一，度假区变得让人更加流连忘返。

现在各行各业的人们都分享着各自的经历和见解，看待事物的标准也慢慢发生了变化。许多传统保守的女性仍然不会下海沐浴，但对于更年轻自由的一代人来说，这是一种摆脱严苛社会界限束缚的方式，虽然她们也接受这种束缚。女士泳装变得稍微不那么拘束了，穿起来显得更性感一些。男性和女性在滨海大道散步时公开交往，喜剧演员在音乐厅讲粗鲁的笑话。

由于厌倦了越来越多地与平民混在一起，社会上等阶层放弃了传统的度假胜地。他们更多地把时间和金钱花在赴国外度假上，至少现在普通人还无法追随企及。剩下的就是已经学会如何放松自己、娱乐自己的大众，他们愿意把辛苦赚来的钱花在这些让人眼花缭乱的娱乐活动上。

南港

1840 年，地方市政委员会首次提出南港工程计划，但是直到 1859 年才开始动工。该工程由詹姆斯·布兰利设计，1860 年对公众开放。在多年的发展过程中，这里增加了登船乘客候船室，码头的规模也加长拓宽，铺设了有轨电车轨道。1868 年进一步扩建，达到了后来的长度。

看待事物的标准慢慢发生了变化。

南端（Southend）

这里是世界上最长的娱乐码头，始建于 1829 年，当时是伦敦游客的旅游胜地，向外一直延伸到泰晤士河口。木建筑码头最初开放的时候只有 180 米长，但是之后不断扩展，到 1848 年为止已经是欧洲最长的码头。

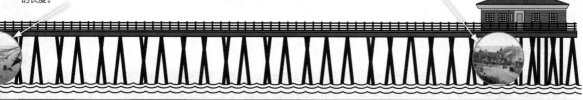

07 米

2158 米

维多利亚时代的医学

当我们深入致命疾病和更致命的治疗的危险世界时，请你做好准备。现在，医生要给你看病了

▲ 弗洛伦斯·南丁格尔（Florence Nightingale）是改进战地医疗条件的重要先驱

如果咨询维多利亚时代任何一位医生怎样预防疾病，他都会告诉你预防疾病最好的方法，就是每天摄取健康剂量的汞、砷或酒混合A类药物一并使用。19世纪，进行医学治疗会与大多数疾病导向同样的结果：让患者早日入土。

当时死亡很常见，许多人在20岁的时候就死去了，城市死亡率尤其高。工业革命和蒸汽机的发明让工厂在整个伦敦遍地开花。人们收拾行囊，离开乡村，去城市寻找工作机会。他们迫切需要住房，但是住房供不应求。

许多人被迫居住在狭窄拥挤的环境中，靠近肮脏的河流和烟雾弥漫的工厂。这让医生们相信，呼吸海风带来的清新空气，外加泻药和放血疗法，就可以治愈大多数疾病。后来随着电力时代的到来，诞生了令人不安的新奇疗法。这让普通民众滋生了对科学的恐惧，并激发了玛丽·雪莱（Mary Shelley）的哥特小说《弗兰肯斯坦》

▲ 这些手术器械是克里米亚战争中一位医生使用的，包括止血带和骨锯

（Frankenstein）。到这里，恐惧还远远没有结束。

　　为了学习人体解剖学知识，外科医生需要尸体，被处以死刑的罪犯是尸体唯一合法的来源。当死刑犯尸体越来越少的时候，盗尸人就出现了，他们会偷走墓中刚刚入葬的尸体。爱丁堡"盗尸者"即著名的布克与海尔（Burke and Hare）甚至会杀人卖尸牟利，人性已经堕落至此，让人骇然。他们至少在杀死16个人之后，才受到了正义的审判。

　　很多医学研究都靠主观臆断，医学生们也很少接受专业训练。就连理发师都会拔牙和放血疗法。据说，传统理发店的红白招牌就源自这种可怕的副业，红色代表血液，白色代表绷带。不过，庸医的治疗，也可能变相地推动科学的突破，而这种突破促进了医学诊断和科学治疗的进展。19世纪末，显微镜、麻醉剂和X光技术相继问世，医学进入了一个新的时代，一个姗姗来迟的时代。

▲ 维多利亚时代的英国有很多不可思议的庸医疗法。图中称"穿电感应腰带可治愈一切"

伦敦暗藏的恐怖

参观霍乱之都，尝尝特制的污水，那无异于自我了断

维多利亚女王在访问剑桥市的时候曾经问道："河面上漂着的那些纸是什么？"残酷的现实是，未经处理的污水直接流入河中，引起女王注意的是厕纸。这时有人机智地回答："陛下，那是禁止游泳的宣传广告。"

在那个时代，唯一的排污系统就是河流和小溪，它们会把屎尿、垃圾偶尔还有尸体冲入大海。这一排污系统曾经很"好用"，但现在的伦敦是一个四通八达的大城市，工业发达，人口激增，泰晤士河作为伦敦的水源，人们从这条河流中泵水饮用、洗衣和做饭。

所以，各种疾病无法避免，1849年霍乱大暴发导致14600人丧生。这些霍乱疫情的受害者被干呕、腹泻和痛苦的痉挛折磨，几个小时之后就死去了。很多人认为这种疾病是通过污浊空气传播的，称之为瘴气，并试图用嗅盐消灭它。那个时代的确让人深感震惊，这种情况激发一些人开始着手调查人们的生活状况，这些都促进了公众健康的发展。

但是，约翰·斯诺医生对霍乱传播有自己的

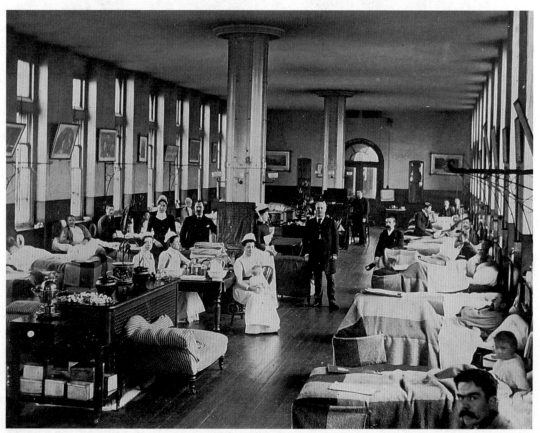

▲ 维多利亚时期医院病房很拥挤，很多人疾患缠身

"WATER! WATER! EVERYWHERE;
AND NOT A DROP TO DRINK."

Coleridge.

▲ 图上文字："水！水！到处都是！没有一滴能喝。"

▲ 图上文字：死神药房（DEATH'S DISPENSARY），教区许可，面向穷人免费开放

理论。1854年，当伦敦再次暴发霍乱的时候，他正在研究饮用水供应和病患死亡之间的关系，他发现这次疫情的暴发似乎集中导向苏活宽街（Soho's Broad Street）的一个水泵。唯一未被传染的，就是当地酿酒厂的工人，因为他们口渴时只喝啤酒，不喝饮用水。斯诺力劝市政官员拆掉被污染的水泵把手，就这样，疾病被控制住了。

尽管如此，健康委员会拒绝采取进一步的行动。他们并不认为污水能够渗入水泵中，就算每天有40万吨臭气熏天的垃圾被排到泰晤士河，河水也不会受影响，因为泰晤士河体量大。1858年一个极端炎热的夏天，"伦敦大恶臭"事件让这座城市停摆了。这一次政府不得不采取行动，下议院的议员们召开会议进行讨论。前所未有，他们用石灰水浸泡了窗帘，以驱散熏人欲呕的臭味。

政府下令修建排污工程，将霍乱彻底消灭了。后来伦敦又出现过一次霍乱疫情，但只发生在还未连接新排污下水道的区域。1875年《公共卫生法案》建立了国家医疗体系，负责住房、饮用水供应和排污下水系统管理，以预防和阻止传染病的暴发。

维多利亚时期
让人困扰的身体疾患

克里平医生（Dr. Crippin）帮您治疗心神不宁和痛苦疾病

（当时的庸医诊断记录）

亲爱的先生：
我一晚上都没睡着觉，浑身疼痛，我感觉浑身发冷，冷汗直流。明天的活儿我不敢不去做，我得去扫烟囱，如果不去，我的老板发誓说，他会把我放在火上烤死！
约翰，7岁

你现在得了斑疹伤寒，我正好知道治疗的方法：起泡法——这是最新的医疗技术，你只需要用滚烫的拨火棍烫皮肤，这样可以把疾病驱赶走。但是，因为你扫烟囱的工作，你很快就会因为吸入烟尘而窒息，所以最好的方法就是每天祈祷两次。

亲爱的克里平医生：
在一次愉快的下午茶时，我开始咳嗽，并且很不淑女地发起汗来，可怕的是我把嘴里的烤饼咳得满桌都是，我的朋友非常恼火，恐怕再也没人邀请我了。这真是不合时宜的鲁莽之举！这种尴尬的丢脸行为，什么时候才能被大家忘记呢？
一位烦恼的上流社会匿名女士

我亲爱的女士，您得了腮腺炎，必须立刻把毒素从您的身体里排出去。请用毯子裹住自己，当您大汗淋漓的时候，让仆人把您的身体浸到冷水中，给皮肤按摩。最重要的是，您要给女主人写一封致歉信。

最亲爱的克里平医生：
昨晚睡醒后，我发现自己的丈夫从正门踉踉跄跄地进来，没头没脑地跟落地大摆钟说话。然后倒在地板上，一下子就睡着了，横躺在那睡了一整天。他浑身散发出一阵阵的臭味，恐怕他是刚吸完鸦片回来的。我应该怎么做？
中产阶级 1841

当有人因为酗酒或者吸烟而昏倒，您必须往他们的喉咙里灌些醋，按摩他们的太阳穴。然后准备一杯胡椒薄荷水（硫酸铁、氧化镁、薄荷水和肉豆蔻），或者热牛奶混合壁炉里的炉灰。要是您可怜的丈夫以后还抽烟斗，就严厉地斥责您的仆人。

医生：
我是女王陛下的一名皇家海军军人，现在正返岸休假，在军队里连续几个月吃腌牛肉和老饼干。我只能跟您说，我已经有几个星期没排便了，同船的船员认为我受到了诅咒。您觉得我该怎么做，我的肠道什么时候才能通畅如常？
便秘、奢望通畅的比利

如果你肠道里的宿便不断，你可以吃上一粒蓝药丸，它含有大剂量的有毒性的汞，当然这个所谓毒性指的是净化功能。你知道美国总统亚伯拉罕·林肯使用过同样的疗法吗？用泻药一次冲服下去，它将消除任何阻碍，会缓解你的便秘问题。《比顿夫人家务管理手册》（Mrs Beeton's Book Of Household Management）中就记载了这么一个无与伦比的神奇药方。

庸医

如果疾病不要你命，庸医的治疗则可能会

在维多利亚时代，人们闲逛药房随便买点可卡因、吗啡甚至砷都是可能的。实际上，人们都是被那些自吹自擂具有神奇疗效的卖药广告吸引进来的。当时没有行业法规，A类药品也很便宜。没人检测这些药的药效是否如广告所言，只要大家对这种所谓的神奇疗效信以为真，商机就来了。下面介绍一些当时的药品广告。

吗啡镇静糖浆

照顾蹒跚学步的孩子，你就永远也没有机会跻身上流社会，只需一勺镇静糖浆，孩子们就会安安静静。吗啡会让他们放松，帮助他们深度睡眠。同时还可以祛风，调节肠道。

海洛因止咳灵

使用药剂师推荐的草本止咳药物，可以帮您治疗干咳和咳呕，药效立竿见影。与吗啡不同，海洛因没有成瘾性 *，让您一整天都精神昂扬。

* 实际上，海洛因的成瘾性是吗啡的 4 倍。

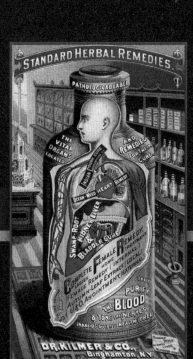

▲ "标准本草药物"

法国滋补酒

肝脏疾病让你心情抑郁？来自波尔多的神奇滋补酒，两大配方让您重振精神：酒精和可卡因。这种全天然疗法，将会让您重新恢复健康状态。每天喝一口，能强身健体，精神焕发。

可卡因牙痛滴露

如果龋齿让您疼痛难忍，去看牙医您的牙齿会被拔除，您可能感染甚至死亡。采用滴露独特疗法，疼痛就会无影无踪，让您脸上重见笑容。这种滴剂味道香甜，老少咸宜。

水蛭疗法

让您的小朋友水蛭帮您清除坏掉的血液和感染。只需划开一个小口，剩下的就交给这个吸血者。它吸饱后会自动脱落，同时带走您的病毒。

副作用可能包含晕厥、伤口持续出血和呼吸困难。

▲ "最受欢迎的法国滋补酒"

▲ "可卡因牙痛滴露，立即止痛！价格：15分。劳埃德制造公司

▲ 伦敦的伯利恒医院（Bethlehem Hospital）即著名的疯人院（Bedlam），是英国第一家精神病医院，建于1247年

疯人院内景

所谓的安全避难所，是给病人戴镣铐，服用镇静剂，这里的情形让人战栗恐惧

在维多利亚女王统治早期，想解决掉一个麻烦的家人很容易。想把老祖母扫地出门的富裕家庭，可以随便把她送到私立疯人院，这样的疯人院遍布全英国。他们只要贿赂医生，出具一个精神错乱的证明，然后一帮凶神恶煞的人就会把她拖走。这是一个有利可图的买卖，没有人愿意将病人解救出来或者帮助他们。

他们会给那些完全疯癫的人穿上束身衣，注射镇静剂。但是，这些丑行跟公共精神病院里的肮脏和冷漠相比可谓黯然失色。直到1845年政府出台法律法规，情况才得到少许改善。医生和他负责病人治疗的精神病院没有附属关系。病人所住的病房拥挤不堪，他们被当成实验用的老鼠，医生们用那些骇人听闻的医疗手段对他们进行治疗实验。

这些手段之一就有脑叶白质切除术，包括切掉大脑组织的一部分。据说，这样可以让病人情绪稳定下来，从而达到治愈精神病的效果。很明显，对维多利亚时代的医学专家来说，大脑仍很神秘，他们只是将导致病人被捉来的事件记录为疾病的起因。

145

精神错乱的原因

一些女性被关进疯人院的 4 个原因

顶嘴

女性获得选举权还是一个世纪以后的事情，任何女性敢于拒绝家庭生活，她的丈夫或者父亲就会宣称她疯了，之后将其送到疯人院。

抑郁症

患有产后抑郁症的妇女要接受电休克治疗，即通过大脑传导电流，诱发癫痫发作。

歇斯底里症

医生认为女性是弱势群体，很容易精神崩溃。这也是疯人院中女病人居多的原因。

不结婚

女性不遵从维多利亚时代的传统生活方式，单身一人不找男性结婚，就会被认为对社会有威胁，就是精神病。

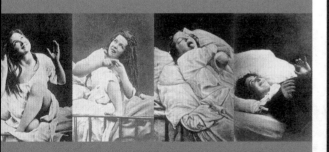

一切尽在头部

维多利亚时期的人们认为，可以通过颅骨的形状判断一个人的一切

颅相学认为，人的颅骨形状可以揭示他们的性格特点。人们认为大脑是由许多器官构成的，颅骨能反映出它们的功能。颅相学家认为，通过触摸脑袋的隆起部位，可了解人的优点和缺点、道德和宗教信仰以及更多信息。人们都排着队让他们摸头，为更好的生活和爱情寻求发展方向。甚至伟大的发明家托马斯·爱迪生也说过，我从来不知道自己有发明的才能，直到颅相学家告诉我，当时我对自己一无所知。

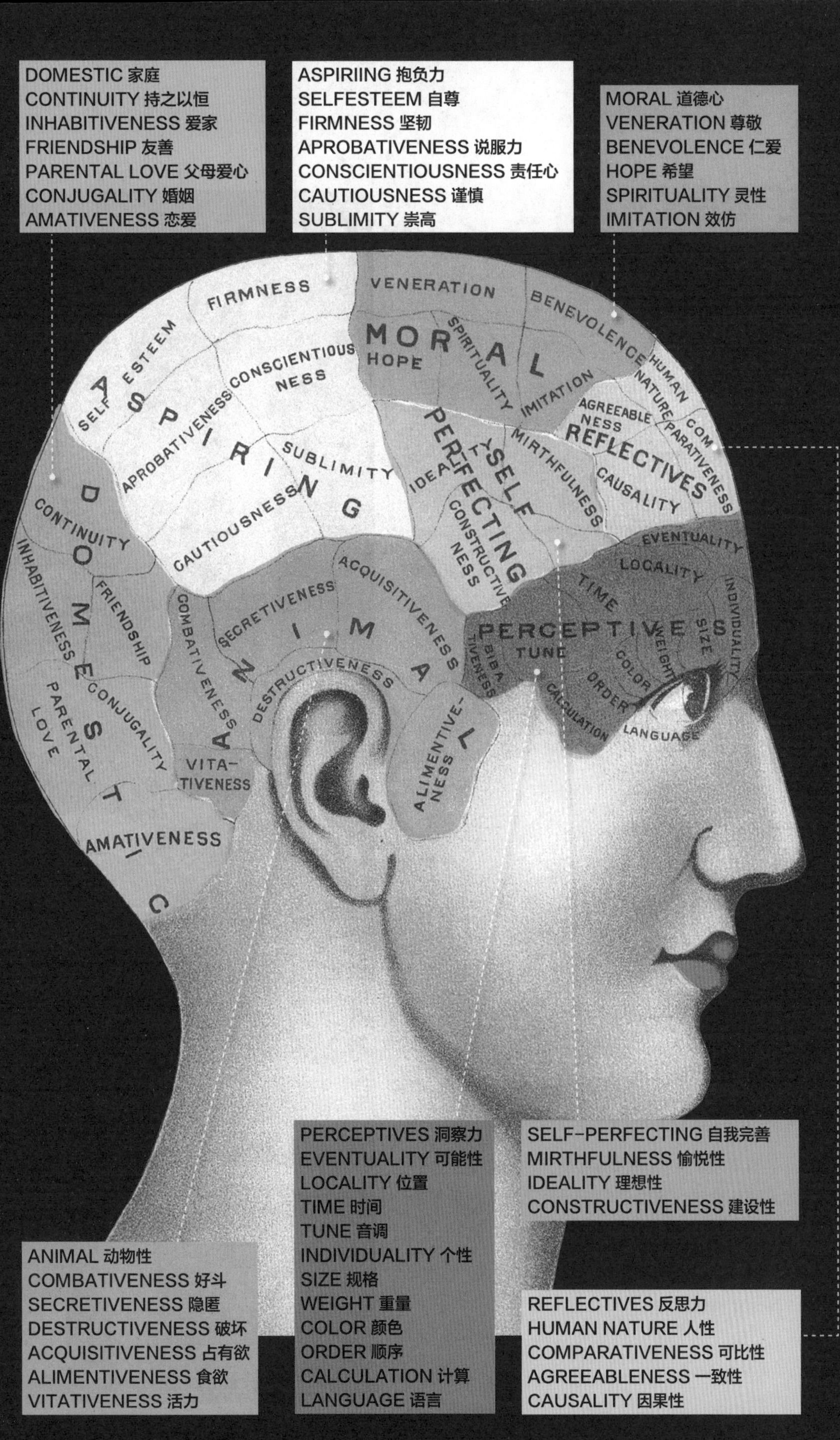

DOMESTIC 家庭
CONTINUITY 持之以恒
INHABITIVENESS 爱家
FRIENDSHIP 友善
PARENTAL LOVE 父母爱心
CONJUGALITY 婚姻
AMATIVENESS 恋爱

ASPIRIING 抱负力
SELFESTEEM 自尊
FIRMNESS 坚韧
APROBATIVENESS 说服力
CONSCIENTIOUSNESS 责任心
CAUTIOUSNESS 谨慎
SUBLIMITY 崇高

MORAL 道德心
VENERATION 尊敬
BENEVOLENCE 仁爱
HOPE 希望
SPIRITUALITY 灵性
IMITATION 效仿

PERCEPTIVES 洞察力
EVENTUALITY 可能性
LOCALITY 位置
TIME 时间
TUNE 音调
INDIVIDUALITY 个性
SIZE 规格
WEIGHT 重量
COLOR 颜色
ORDER 顺序
CALCULATION 计算
LANGUAGE 语言

SELF-PERFECTING 自我完善
MIRTHFULNESS 愉悦性
IDEALITY 理想性
CONSTRUCTIVENESS 建设性

ANIMAL 动物性
COMBATIVENESS 好斗
SECRETIVENESS 隐匿
DESTRUCTIVENESS 破坏
ACQUISITIVENESS 占有欲
ALIMENTIVENESS 食欲
VITATIVENESS 活力

REFLECTIVES 反思力
HUMAN NATURE 人性
COMPARATIVENESS 可比性
AGREEABLENESS 一致性
CAUSALITY 因果性

手术台上

那时典型的外科手术
就是一场噩梦

一位先生躺在木质手术操作台上，他感到自己的断腿在颤抖，他感到有 100 只眼睛注视着自己。观察室里有医学院的学生，他们期待着外科医生的到来，这是每个人都将记住的一次表演。门开了，穿着沾满血迹围裙的医生们鱼贯而入。两名手术助手按住男人的肩膀，其中一个警告他说："如果你乱动，哪怕是微微一下，你都是在拿生命冒险。"

外科大夫从那些触目惊心的器械封套里抽出一把黑檀木把手的手术刀，高声喊道："先生们，给我计时！"手术刀仿佛电光火石般划过肉体，他在 60 秒之内就将切下的断腿抛在了一边。这时，掌声雷动，同时响起的还有意识完全清醒的病人的阵阵哀号。当时麻醉剂还没有发明，外科手术过程必须尽可能快速。因为这个原因，手术仅限于截肢，只要骨折刺破皮肤，就必须进行截肢手术切除。

罗伯特·李斯顿勋爵（Sir Robert Liston）就是那个时代妙手回春的外科医生，他的病人只有十分之一死在手术台上。他的手术动作非常快。不过，李斯顿能青史留名，不是因为他的大胆和快速，而是因为他在英国首次试验使用麻醉剂。一位美国牙医发明了一种酒精和硫酸混合的奇特液体，可以让病人陷入昏迷，这也是李斯顿想要做的。手术 25 秒钟就能完成，据说有的病人醒来后还会问手术什么时候开始。这就是麻醉剂发展史的开端，也是现代外科学的黎明。

▲ 1853 年左右拍摄的手术室照片，患者在被施用乙醚后睡着了

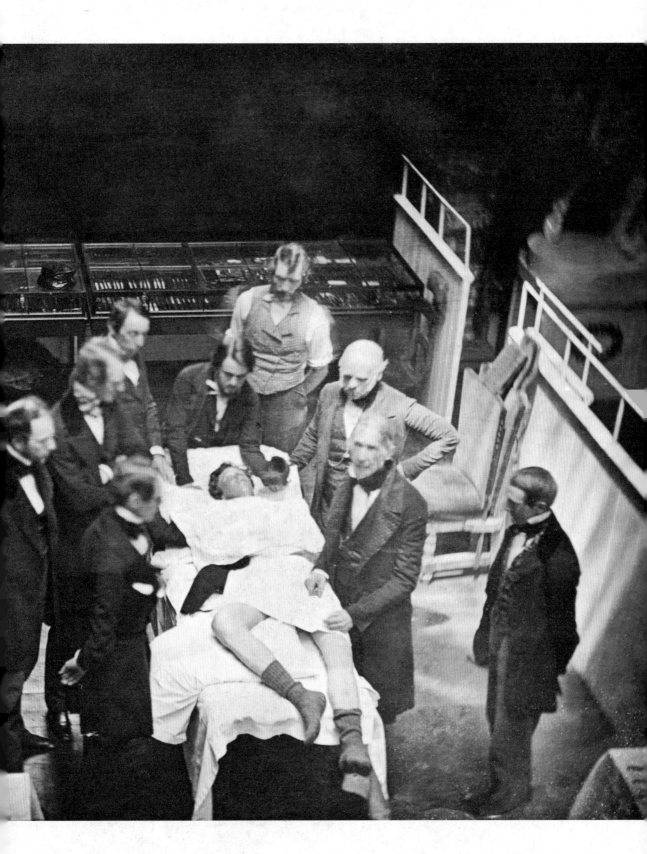

把尖叫声隔离开
在伦敦的圣托马斯医院，手术常常在病房里进行，病人毛骨悚然的尖叫声让人头疼不已。因此，手术室常常建在教堂隔壁，那里的隔音效果更好一些。

被关进手术室的观众
根据法律规定，见习药剂师要到公立医院实习，去手术室观看手术。所以一台手术会有100多名医学院学生参观学习。他们神情紧张，认真观看，计算截肢手术需要的时间，通过望远镜会看得更清晰。

感受一下气氛
病人躺在木质手术台上，手术台是否舒适对他们来说并不重要。手术台表面的凹槽能驻留血液，截掉的肢体和凝固的血块会被倒入手术台下盛满木屑的大木盒里。有时候，一些手术室是男女分开的。

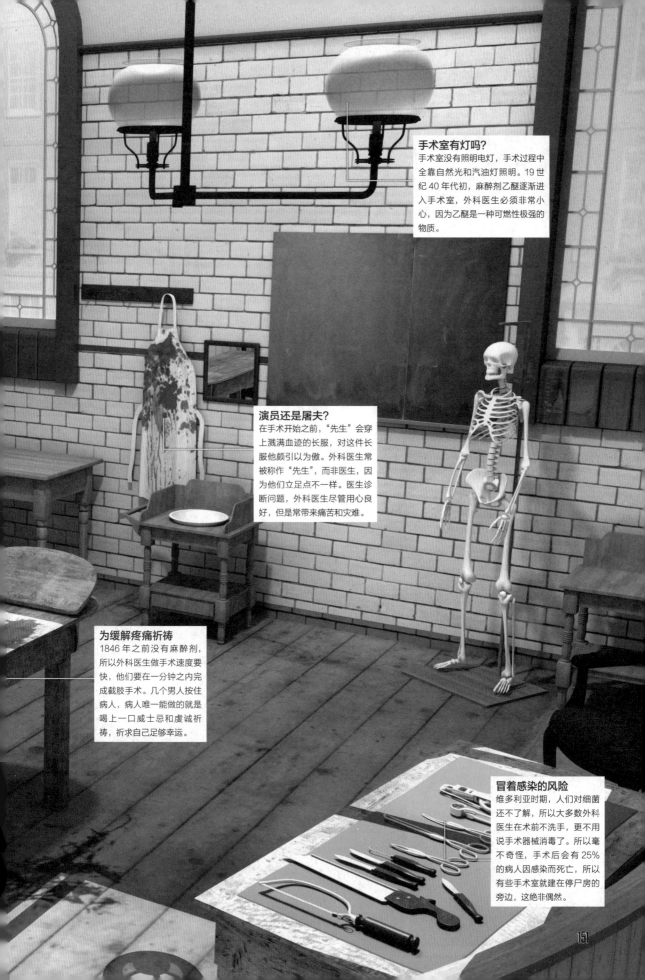

手术室有灯吗？

手术室没有照明电灯，手术过程中全靠自然光和汽油灯照明。19世纪40年代初，麻醉剂乙醚逐渐进入手术室，外科医生必须非常小心，因为乙醚是一种可燃性极强的物质。

演员还是屠夫？

在手术开始之前，"先生"会穿上溅满血迹的长服，对这件长服他颇引以为傲。外科医生常被称作"先生"，而非医生，因为他们立足点不一样。医生诊断问题，外科医生尽管用心良好，但是常带来痛苦和灾难。

为缓解疼痛祈祷

1846年之前没有麻醉剂，所以外科医生做手术速度要快，他们要在一分钟之内完成截肢手术。几个男人按住病人，病人唯一能做的就是喝上一口威士忌和虔诚祈祷，祈求自己足够幸运。

冒着感染的风险

维多利亚时期，人们对细菌还不了解，所以大多数外科医生在术前不洗手，更不用说手术器械消毒了。所以毫不奇怪，手术后会有25%的病人因感染而死亡，所以有些手术室就建在停尸房的旁边，这绝非偶然。

维多利亚时代

的葬礼

从迷信的思想到古怪的仪式，让我们揭秘维多利亚时期
人们看待死亡的方式，揭开那让人着迷又惊悚的面纱

给去世的亲人照相，开店售卖丧葬服装，维多利亚时期的人们就这样将死亡商业化了。这是一个工业化时代，人们认为努力工作就能创造财富。19世纪末，英国有了义务教育，人们文化水平提高，整个西方世界的科学和医学都在进步。但是，与此同时，贫富分化日益严重，经济发展低迷，死亡率居高不下，这些都让人们深刻意识到死亡的不可避免。

新闻报业的发展进一步强化了这种认识，报纸上经常会报道一些灾难性事件，例如1840年爱尔兰大饥荒，还会报道名人、富人甚至穷人的死亡。另外，记者几乎不受任何限制报道城市贫民恶劣的生活境遇，细致程度令人厌恶。

无论在现实生活还是在媒体发布中，死亡都无可避免。在英国和美国，新闻媒体会详细报道那些让人不快的离奇死亡事件，以及死者背后的故事。维多利亚时代也有插图报纸，会描绘一些极端情况下尸体的样子，读者们都能看到。

常见致死原因

死亡潜伏在每个角落，但以下这些可能是最常见的罪魁祸首

维多利亚时代流行很多疾病，我们现在已经攻克的一些疾病在一个多世纪以前就是绝症。常见的死因还有自杀，自杀主要源于精神疾病或者经济窘况引发的焦虑。此外，还有在健康和安全法规出台前发生的生产事故意外死亡或者建筑工地意外死亡。儿童会因衣物被身边蜡烛点燃后烧死，或者被开水壶里的热水烫死。总之，维多利亚时代的人们，生活于危险之中。

霍乱
19世纪霍乱流行很常见，在这个世纪的前半叶，人们还不知道是什么引起的疫情。大多数人认为病源是"瘴气"，也就是脏空气，或者是开放的下水道飘出来的气体。19世纪50年代，英国医生约翰·斯诺证明饮用被污染的水才是霍乱的真正病因。

猩红热
盘尼西林发明之前，猩红热是造成儿童死亡的常见病因。喉咙痛、发烧、明显红疹都是感染猩红热的重要症状表现。

伤寒
伤寒或者说伤寒症，无论过去还是现在都是一种具有高度传染性的细菌性疾病。这种病对儿童影响尤甚，因为儿童的免疫系统没有成人发达。伤寒症状包括胃痛、头痛、高烧，其病因可能源于卫生条件恶劣或者个人卫生较差。

溺亡
溺亡有的是意外溺死，也有的是维多利亚时代个体选择的自杀方式，当时会游泳的人少，所以很难获以援手。1852年，米莱（Millais）的画作表现了即将溺亡的奥菲利亚（Ophelia），让溺亡看起来比实际的死亡情形更具浪漫气息。

肺结核
肺结核通常被认为就是维多利亚时代的"肺痨"，这是一种肺部疾病，会引发可怕的咳嗽，患者体形消瘦，频发高烧。像维多利亚时期的很多疾病一样，肺结核可以通过空气传播。

"死者"苏醒

人们因为担心不慎被活埋，于是一些新颖独特的棺木装置出现了

19世纪医疗操作不是非常规范，这意味着有假死被埋葬的风险。为了检验一个人是否真正死亡，人们发明了热面包烫脚后跟的方法，检查死者是否有反应，所以，1896年"伦敦预防过早埋葬协会"（London Associa-tion for the Prevention of Premature Burial）成立，人们也不感到奇怪。协会为了确保人死才盖棺而努力，这反映了当时整个西方人们的恐惧心理。安全棺木的许多设计，都让人们免于因假死被埋葬。

观察窗
观察窗是一个玻璃盒子，地面上的人可以检查安全机械装置是否被触发。

机械装置
棺中之人可以向上推动操控装置。但是，如果死者尸体发胀，也可能会错误触发机关装置，这一点难以避免。

重要信号
机械装置被触发之后，一个物品会被推入观察窗。推上来的物品不尽相同，但是都能引起外面人的注意。

▲ 维多利亚时代的葬礼，从摆放死者到马车葬礼队伍都极为讲究

死得体面

在死者逝世的重要日子，要历经一道道程序

维多利亚时期，在人们死去的那一刻，葬礼仪式就开始了。在美国，人死之后窗帘会被拉上，时钟会在死者逝去的那一刻停摆。他们生前居住的房屋会装饰上黑纱，正门挂上花环。房间周围摆满鲜花和蜡烛，这不是为了制造气氛，而是为了掩盖供人瞻仰的尸体腐坏的味道。一般来说，尸体在家中停放4天左右，在维多利亚时代停放时间更短一些。

家人的照片也可能会正面朝下扣放着，保护家人不被死者的灵魂侵扰。在德国，一个被称为"僵尸新娘"（Leichenfrau）的女人来照料尸体，负责给死者清洗身体和穿戴衣装。在其他地方，则是家中仆人或女性家庭成员承担这个角色。重要的是，尸体看起来要体面，因为按照风俗人们要到房间里瞻仰死者，同时还要给访客准备食物和饮料。

当时的人们修建了停尸房，以存放死者，直到下葬。尸体有专门的看护人员照理，看护人员身穿得体的黑色服装，这是安抚悲痛亲属的一种方式，他们所爱的人获得了有尊严的对待。看护人员通常为女性，可能是因为女性天生具有"体贴顾人"的气质。

在欧洲和整个大西洋地区，抬尸体时普遍是先将死者的脚抬出去，防止死者的灵魂让自己的亲戚随他走。参加葬礼的主要是男性。19世纪上半叶，上流社会的女性是不参加葬礼仪式的，但也可能会在葬礼前用鲜花装饰棺木，或者剪下逝者的头发做成项链坠、胸针或戒指佩戴。就连维多利亚女王，也没有出席她最爱的丈夫阿尔伯特亲王的葬礼。

防备盗尸者

丧葬仪式花费不菲，下葬之后尸体被盗，如此荒诞让人大跌眼镜

维多利亚时期人们在亲人离世时，会尽可能地花费金钱举办葬礼仪式告别逝者，留下对故去亲人的回忆。富裕之人会给亲人选择豪华的陵园，不太富裕的人可能会委托工匠制作墓碑或纪念碑，以纪念他们所爱的人。天使雕塑非常流行，象征逝者进入了天堂。伏睡的孩子、鲜花和鸽子雕刻也常见于墓碑之上。人们希望留下一些永恒的东西，一想到墓葬会被盗掘，就让人无限感伤。

19世纪早期的英国和美国盗尸现象很普遍，盗尸者会盗掘新下葬的尸体卖给医疗机构获利。维多利亚时期以前，学习解剖学的学生使用被绞死罪犯的尸体进行练习。但是随着医学生数量的增多，尸体的短缺导致有些胆大妄为之徒去盗掘尸体。这引起了人们的恐慌，逝者家人和朋友会照看好家人的遗体，直到安全下葬。人们使用装有铁栅的棺木下葬，以防止被盗掘。一些人甚至留下遗愿，希望死后下葬的棺椁牢不可摧。

1832年英国颁布了《解剖法案》（Anatomy Act），无人认领的尸体和亲属捐赠的尸体可以用于科研事业，有效地终结了尸体买卖。然而，在美国这一罪恶交易一直延续到了19世纪晚期。1878年，美国国会议员的尸体被俄亥俄医学院的学生盗掘。随着维多利亚时代的进步，盗掘尸体变得不像原来那么普遍了，但是，人们习惯上还是希望为所爱之人建造永久性的纪念碑而不被破坏，从这一点上看，被盗尸的恐惧依然存在。

▲ 这种专门设计的铁栅旨在防止有人盗掘棺椁或棺椁中的尸体

死亡隧道

巴黎地下黑暗的墓穴中保存着 600 万人的尸骸

在巴黎市中心较深的地下，在以前城门的南边有一座巴黎地下墓穴，人们形象地称其为"地狱之门"。从18世纪80年代开始，有600多万人的尸骸逐渐被搬到这里。游客们现在能见到叠放得与众不同的头骨墙，实际上是19世纪早期重新翻建的结果，当时城市公墓过于拥挤，这些尸骨就被搬到巴黎的旧采矿场中，头骨和肢骨从地面一直堆到顶部。甚至还有独立的空间展示骨骼残缺部分和巨大的墓碑。从1850年开始，地下墓穴每年向公众开放4次。但是随着公众兴趣的增加，从20世纪开始，每日都可到此参观，这里一直是一个让人心惊胆战的景点。

▼ 巴黎地下墓穴中，头骨和肢骨被摆成一面面墙

20米
墓穴深度相当于5层楼高

800米
墓穴人骨墙走廊长度

14℃
地下墓穴恒温

▲ 一对夫妇与已逝的女儿合影，以此怀念

▲ 维多利亚女王佩戴着镶嵌有阿尔伯特亲王发丝的胸针

▲ 女孩身穿丧服，手拿去世父亲的照片留影

死亡请柬

维多利亚时期，人们很珍视纪念逝者的这类艺术品

　　死亡请柬（Memento Mori），其含义为"记住你终将死去"，在维多利亚时代是人们对死亡终将到来的提醒，其实物形式多种多样。有装饰与死亡相关言语的钟表、用逝去亲人几缕头发做成的戒指，以及头骨造型或者形象的胸针，这些物品既用以纪念逝者，也提醒生者他们终将会随逝者而去。最让现代人感到不适的是，维多利亚时期人们会给逝去的亲人照相，通常是与活着的亲人合影留念。因为当时照相价格昂贵，有些时候这是逝者一生中唯一的一张照片。

▲ 维多利亚时期的悼念胸针装有逝去亲属的头发

哀悼仪式

从服饰穿戴到丧葬礼仪，维多利亚时期人们对如何哀悼死亡有着严格的规定

阿尔伯特亲王去世后多年，维多利亚女王一直不受民众欢迎。她似乎对心爱的丈夫悼念过度，一直穿着黑纱丧服，居丧期远远超过了传统规定的时间。在维多利亚时期，处理死亡事宜和丧葬仪式有传统的规定。即便是衣着服饰也有详细的规定，要求非常严格，家庭指导手册会建议人们穿什么服装，某种特别的服饰要穿戴多久。最初，女性要穿深色丧服，面料为黑色的丝绸、斜纹布或者绉纱。后来，颜色逐渐变浅，变成灰色或者淡紫色。穿丧服的时间长短取决于逝者的身份，比如是丈夫（需要穿两年）还是堂弟（只需要穿一个月）。

既然有居丧期间穿戴丧服的要求，专门售卖这类服装的商店也就应运而生了。维多利亚时期人们比较迷信，认为将居丧服放在家中不吉利，也不能重复使用，所以居丧期过后，就要将其扔掉，每当有人过世，都要购买新的居丧服。黑边的信纸也是必需的，逝者家属想要表示他们已准备好再次社交时，会给自己的朋友留下卡片，如果没留，这些朋友就不会再去打扰他们，

> 维多利亚时期人们比较迷信，认为将居丧服放在家中不吉利，也不能重复使用。

以尊重他们的个人隐私。如果有人给他们留了卡片，询问他们的状况，他们应该把卡片寄送回去，上面要写上"感谢您善意的询问"。维多利亚时期的许多风俗都是事关社会礼仪的，有一本杂志提到"风俗习惯"，写着如果按照上面所写的去做，就能避免成为社会的"另类人物"和无心之失的"薄情寡义"。

▲ 彼得·罗宾逊丧葬用品宣传单

与逝者交流

那些想象力非凡的骗子，如何成为维多利亚时期社会的话题

相信鬼魂存在并能与之交流的招魂说，在1848年由美国三姐妹提出并形成了一场运动，三姐妹是利亚·福克斯、玛格丽特·福克斯和凯特·福克斯（Leah，Margaret and Kate Fox）。这三人因为一个耸人听闻（完全虚假的）的鬼故事而登上了新闻头条，她们说自己用一连串的敲击声与家中闹鬼的鬼魂进行了交流，敲击一下就是"是"，敲击两下就是"否"。谣言迅速传开，说鬼魂是一个被谋杀的毒贩，尸体就藏在地窖里。这三个女人很快成为灵媒，借助举办降神会大发其财，降神会上她们应观众的需求与逝者进行了交流。

基于这种商业模式，灵媒行业先是在美国各地，然后是在英国迅速兴起。人们在昏暗的家中进行私密的聚会，或者在音乐厅和剧院举行古怪的表演，有人大赚特赚。

有些灵媒可能是出于好意，笃信自己能够与逝者交流联系，但是多数灵媒都是骗子，他们利用昏暗的煤气灯、巧妙的手法和装置欺骗脆弱的人。遗憾的是，有许多人愿意相信。

抓住我的手
将灯光调暗或者熄灭后，灵媒请参与者们手牵手，或者分别握住自己的左手和右手，以此证明这其中没有欺骗。

鬼魂伸出手
灵媒用自己的手，或者将蜡像手、毛绒手套或伸缩竿伸到桌子对面，假装有鬼魂正在触摸参与者。

声效加持
如果鬼魂生前是工匠，锯木头的声音可以通过在地板上摩擦扩音器或者来回拖拽可折叠的东西来制造。

空虚之音
在有些降神仪式中，灵媒会光明正大地使用扩音筒，借助扩音筒传递所谓来自另一个世界的神秘低语，这或许是灵媒会腹语，或者是隐藏了一个同伙。

鬼魂降临
灵媒假装进入昏睡状态，与鬼魂开始交流，他开始抽搐，猛然松开一只手。参与者在黑暗中艰难地摸索那只手，没有意识到自己被蒙蔽，他们握住的是同一只手。

幽灵喘息
1925年的一份记录，详细记载了一个农民的鬼魂从坟墓中被召唤出来的情形。他压井水的声音是由一个折叠式扩音筒偷偷上下按压发出的声音。

幽灵之光
在一根小棒上涂上一点发光颜料，就能制造出神秘的发光球体、物体甚至人脸，微微晃动小棒，神秘幽灵之光就会浮现在桌子上方。

致命溺亡
有一个记录中提到，灵媒偷偷把一碗水放在桌子上，通过一根吸管吹气模拟人溺水。他大声呼喊："救救我，救救我。"

讲述鬼故事

在极度贫穷和死亡率居高不下的维多利亚时代，人们发展出对惊悚故事的独特品好

哥特小说是一种恐怖类型的故事，起源于18世纪晚期，在维多利亚时代达到顶峰。从布莱姆·斯托克（Bram Stoker）的《德古拉》（1897），到罗伯特·路易斯·史蒂文森（Robert Louis Stevenson）的《化身博士》（*The Strange Case Of Dr Jekyll And Mr Hyde*，1886），维多利亚时期的观众领略的文学都是怪兽和食尸鬼这一类的作品，它们引人入胜，又让人胆战心惊。

这种小说流派不限于英国。德国的"恐怖小说"（Schauerroman）具有同样的主题特征。在俄国，弗拉基米尔·奥多夫斯基（Vladimir Odoevsky）在1838年创作了《活尸》（*The Living Corpse*），两年后阿列克谢·康斯坦丁诺维奇·托尔斯泰（Aleksey Konstantinovich Tolstoy）出版了《吸血鬼》（*The Vampire*）。美国哥特小说最著名的写手就是埃德加·爱伦·坡（Edgar Allan Poe），他创作的关于疯人的故事，被认为是德国哥特式恐怖小说风格的延续。爱伦·坡的《厄舍古屋的倒塌》（*The Fall Of The House Of Usher*）和他的诗歌《乌鸦》，读者今天读来依然脊背发凉。

维多利亚时期的哥特恐怖小说常包括死亡或者对死亡的恐惧，反映出整个社会对这个主题忧心忡忡，死亡率居高不下，疾病持续威胁，促成了这些作品的出现。对犯罪的恐慌，从乡村到城市的迁移，也激发了人们对陌生人的恐惧担忧。在维多利亚时代，人们不再像以前那样生活在比较宁静的乡村社区，在城市人们几乎都不了解周边的邻居，陌生之人越来越多，使得这些陌生人在小说中被妖魔化。

工业革命的一个后果是城市被描绘为杂乱无章、黑暗无比的地方，贫富差距逐渐增大也被描写为一种邪恶，正如布莱姆·斯托克和查尔斯·狄更斯作品中表现的那样。但是，最重要的是人们迷恋哥特文学，这些作品反映了维多利亚时代人们对死亡和悼亡的关注。

怪兽的含义

19 世纪的作家创造了许多角色，表现出当代人对陌生人、犯罪和疾病的恐惧。下面是最著名的几个

德古拉
德古拉伯爵是一个吸血鬼，是一个介于生死之间的生物。他被认为反映了人们对移民和滥交的恐惧。被德古拉咬中就像是得了病，必须寻找"治疗方法"让被咬者恢复健康。

海德先生
神秘驼背的海德是吉基尔博士（Dr Jekyll）的化身，他发明了一种药剂，能让自己变成这个令人厌恶的人。海德代表了维多利亚时代渴望"隐藏"起来的性，以及超自然力量。

弗兰肯斯坦怪兽
维克多·弗兰肯斯坦（Victor Frankenstein）创造了一个怪兽，它的躯体由死去的罪犯尸体构成，这反映了当时人们对盗尸者的焦虑，以及医学、科学尤其是电学的发展，这些发展既可以为善者利用，也可以被邪恶力量利用。

希斯克利夫
《呼啸山庄》（Wuthering Heights）中非正统派主角希斯克利夫（Heathcliff）本身不是怪兽，但是他兽性十足。他出身背景未知，生性残忍，所以众人惧怕他。他的阴暗和被弃孤儿的身份，让他与海德和弗兰肯斯坦怪兽一样邪恶。

木乃伊归来

埃及热席卷维多利亚时代的英国时，数百年前的尸体引发了一波令人毛骨悚然的习俗

古埃及人相信给逝者合乎身份的送行、建造豪华的陵墓、随葬个人的财产，将会帮助他们来世的生活。对于维多利亚时期的人们来说，古埃及人正是他们效法的榜样。整个19世纪，古埃及的影响可以在女士居丧珠宝中看到，它们通常是方尖碑形状或者圣甲壳形状。在墓葬上、陵墓、墓地大门甚至整个墓园，都能看到古埃及的建筑风格或者装饰特征。

19世纪40年代，德国埃及学家卡尔·理查德·莱普修斯（Karl Richard Lep-sius）翻译了古埃及文献，并详细阐述了古埃及人的死亡观念和来世信仰。自然，维多利亚时期的人们对古埃及的木乃伊很好奇。这些古尸文物此前从埃及被带到欧洲特别是英国，18世纪晚期和19世纪早期传到意大利和德国。现在，这些隐藏日久的尸体成了公众热切关注的对象。

19世纪初，外科医生托马斯·佩蒂格鲁（Thomas Pettigrew）开始组织活动，人们可以观看拆开的木乃伊。不过，实际上这些科学展示更多是利用人们的恐惧和猎奇心

理。佩蒂格鲁会锯掉木乃伊的部分头骨，向人们展示大脑是怎样移除的，最后，他还会把木乃伊提起站立起来，就像它还活着一样。

这种恐惧、娱乐和科学之间的紧密联系，以及对古埃及的特殊关注，在伦敦皮卡德里埃及馆（Egyptian Hall in London's Piccadilly）得到了突出的体现。1812年建造的这座埃及风格展厅，原本是要建成一座博物馆，展览来自南太平洋地区的奇珍异品。但是到了19世纪晚期，为了顺应恐怖风潮流行趋势，它与降神会、剧院和魔术表演一样，从19世纪20年代的猎奇与启蒙之所，发展到80年代让人心醉神迷的恐怖之地。展馆的马斯基林（Maskelyne）和库克（Cooke）公开造假降神和闹鬼表演，他们以"反招魂术"闻名遐迩。

此时的世界正以前所未有的速度不断发展，蒸汽火车穿越乡间开辟出条条道路，高架桥点缀其间展现出宏观景象。与此同时，维多利亚时代也是一个信仰的黄金时代。宗教、招魂论和魔法渗透日常生活的方方面面，从文学和建筑，到时尚和礼仪，这是历史上一个独特的时代，科学和灵异常合二为一，互为表里。

法治状况

城市生活受到贫困人口负担的严重拖累，犯罪者和经验欠缺的警察部队之间爆发了严重的冲突

随着维多利亚女王统治的疆域越来越大，英国对世界的影响也越来越广、越来越深，仿佛洒落的墨水不断蔓延。这是一个黑暗的印记，逐渐渗透到这个国家人口过剩城市中的房屋和小巷。处决邪恶的犯罪分子，吸引了越来越多的人观看，报纸头条警告说犯罪浪潮席卷全国。盗贼在阴暗的小巷里徘徊，专门绞杀达官显贵的暴力犯罪也时有发生，还有一个穿着考究、以杀人为乐的人，人们只知道他有个怪异的绰号——开膛手杰克。

工业革命下工厂烟雾弥漫，为城市营造出了一股令人兴奋的气息，但是对底层工人来说，这里并不总是充满机会。越来越多的家庭拥入拥挤的城市，贫困现象日益严重。随之滋生的，就是犯罪。

贫民窟如雨后春笋般在伦敦遍地开花——弯弯曲曲的小巷、死胡同、阴暗的角落，那里是犯罪的温床，盗贼、妓女和骗子就在那里阴谋作恶。这里是犯罪分子藏匿的阴暗巢穴，也是一个可以摆脱警察追捕的曲折迷宫。这些危险之人主要聚集在白教堂区域及周边的贝斯纳尔·格林、沃平（Wapping）和麦尔安德（Mile End）区，以及后来

居上的斯皮塔福德贫民窟。这些人口过剩的破败之地与城市的其他地方隔绝了，正是犯罪猖獗之地。

　　1870 年以前还没有义务教育，所以孤儿、被遗弃或者贫困的儿童学会了一套特殊的街头技能。他们长大后流浪街头，以偷窃为生，常常呼朋引伴，有时需要依靠团伙头目赏几个小钱儿度日。大一些的扒手，常见的前途就是进行抢劫，

这些年纪稍大、经验丰富的骗子首先会赢得受害者的信任，然后吸干他们的钱财。

　　名义上，维多利亚时期的伦敦似乎正处于历史上最安全的时期，但实际上，由于人们对警察不太信任，因此许多犯罪行为都没有上报，很多想息事宁人的民众也不愿意惹是生非，免得自己在这里遭受不必要的损失。

▲ 1829年7月20日，皮尔批准建立了一支警察部队，包括895名警员、88名警长、20名督查和8名警司

大都市警察的产生

从 1829 年开始，伦敦出现了警察

　　随着犯罪变得更有组织化，社会混乱进一步加剧，这给铎王朝陈旧的治安系统带来了巨大的压力。在内务大臣罗伯特·皮尔 1829 年推出《大都市警察法案》（Metropolitan Police Act）之前，小教区和城镇只有一名治安官和当地守卫人员维持秩序。

　　与此同时，由政府给予部分资助的那些伦敦侦探（the Bow Street runners）成了今天职业警察的雏形。1829 年，皮尔的伦敦警察厅（Metropolitan Police Force）开始管理伦敦街头的治安，

这是一个急需法律和秩序的城市。

1000名新警察被雇用补充到现有的400名警察队伍中。他们领取周薪，身穿蓝色制服；警察变成一个全职工作，工作就是侦查和预防犯罪。这支特别建立的警察力量秉持中立，与王室军队保持了距离。他们配备了警棍和摇铃（后来有些人配备了隧发枪）。尽管皮尔尽了最大努力，但警察最初并不受欢迎。许多市民将其看作对公民自由的威胁，警察得到了一些不受欢迎的

绰号，例如"蓝色魔鬼""皮尔的血腥同党"。警察的目标是预防犯罪，但是许多警察被袭击、刺伤、致盲甚至杀死。尽管担任警员有严格的选拔程序，但许多人还是因为执勤时醉酒渎职被捕，还有一些人贪污腐化。最初有个警察因为醉酒，仅工作了4个小时就被解雇了。

尽管公众有负面的反应，但是警察采取的预防措施还是有效的，犯罪率确确实实下降了。可以肯定，是警察的出现抑制了犯罪，不过，仅仅是犯罪的地点被赶到了警察管理不到的伦敦其他区域。旺兹沃斯（Wandsworth）吸引了诸多想逃离法律惩罚的罪犯，这里成为著名的"黑色旺兹沃斯"。总体来说，英格兰以及威尔士的许多自治市镇不愿建立自己的警察队伍，到1848年，依然有22个自治市镇没有正式的警察。虽然警力补充缓慢，但最终警察机构在全英普遍建立起来。1856年，仅在伦敦，警察就逮捕了73240人。

对那些被判有罪的人来说，在监狱里等待他们的是繁重的工作和令人麻木的单调生活。维多利亚时代监狱制度发生巨大变化的时期，新技术在全国范围内得到应用。最初被用来承载转运囚犯的旧帆船，现在更多地被用来关押普通囚犯。船上的环境非常恶劣，霍乱肆虐，因为囚犯们会直接饮用从泰晤士河流出的污水，洗漱更是如此。犯人被隔离起来以促使他们反思罪行。在本顿维尔监狱（Pentonville Prison，被戏称为"罪犯学院"），囚犯们被剥夺了姓名，仅仅通过胸前所戴黄铜章上的牢房号码来称呼他们。这些犯人头戴棕色布帽，脸戴面具，让人无法识别他们的声音和身份，以此与外界隔绝。

劳役最初是为了鼓励囚犯提高生产能力的一种方式，其工作枯燥乏味。监狱研磨面粉的机器有个大踏轮，犯人们每天需要蹬踩8个小时，为

监狱研磨面粉，监狱会将这些面粉售卖掉。不过，19世纪晚期。这类艰苦的工作最终并不是为了生产什么，就像其他很多不用动脑的机械性工作一样，只是单纯地为了打击和摧垮囚犯们的精神。监狱试图将自己塑造成一个令人痛苦和磨人的妖魔，以威慑罪犯。监狱外的底层民众经受着痛苦的生活，政府希望监狱里的生活比可怕的济贫院更加凄凉和痛苦。

但是，冰冷、光秃秃的监狱牢房比刽子手绞索的冷酷形象要好得多。公开绞刑吸引了大批群众观看，直到它被取缔。有一个特别恐怖的案例，被判处死刑的威廉·鲍斯菲尔德（William Bousfield）用脚踩在翻板边上逃避死刑。试了4次，行刑都失败了，后来刽子手跳到行刑台下面，抓住威廉的腿才将他绞死。

▲ 这些新警察花了一段时间才赢得公众的尊重

▲ "波比"这一绰号的来历是，罗伯特·皮尔让警察直接对内政部他本人负责

维多利亚时期的
警察形象

摇铃
在警哨出现前，所有警察都携带一个木制的摇铃。发现警情寻求其他警员支援时，就会用力摇铃。不过遗憾的是，许多罪犯也会拿摇铃当武器对付警察。

提灯
维多利亚时期街道没有照明的路灯，警察夜间巡逻时通常会提着一盏灯，点亮油灯用以照明。

手铐
所有警察都配备两副"D型"手铐，因其形状与字母D相似而得名。这种手铐有两个规格，一个用于拘捕成年违法犯罪者，另一个尺寸较小，用于拘捕青少年。

制服
警察制服的颜色是精心选择的蓝色，目的是与军队执法者所穿的红色制服区分开。男警察头戴内有软木内衬的警盔，但在乘车巡逻时会戴扁平的大盖帽。

警棍
早期警棍装饰精美，被视为警察身份的证明，印有英国君主王冠和警察部队的名字。作为身份证明，警棍直到19世纪90年代才被警察证替代。

追捕开膛手杰克

解决英国最臭名昭著的侦探案件

在19世纪的伦敦，谋杀案未能侦破的情况很常见。绝大多数受害者都是妓女，这些风尘女子的尸体频频被发现，以至于无法估算到底有多少人是被谋杀的。但是，有一宗妓女连环谋杀案尤其残忍和恐怖，直到今天，凶手的神秘身份仍未揭开。

1888年8月31日，玛丽·安·尼克尔斯（Mary Ann Nichols）的尸体被发现，杀人手段极其残忍，以致人们认为这是"精神失常"之人干的。直到一周之后，另一件类似的妓女谋杀案再次出现。警察很快意识到，他们面对的并非偶然的暴力事件，而是连环杀手作案。恐怖连环杀手案件一时充斥报纸头条新闻。警察接到一封神秘的信，署名是"开膛手杰克"。黑暗传说就此诞生。

随着谋杀案接连出现，一个又一个嫌犯被逮捕又被释放。白教堂区谋杀案成了报纸的头条，警察似乎永远落后"调皮的杰克"（Saucy Jacky）一步。刚开始受到指控的是屠夫，后来是犹太人，最后只要和受害者有哪怕丝毫联系的人都会被定为嫌犯。

突然之间，毫无任何征兆，杰克在黑暗中消失了。接下来的100多年里，人们试图确定他的真实身份，但是这个谜团的答案似乎永远迷失在黑暗蜿蜒的维多利亚贫民窟中了。

▲ 维多利亚时期伦敦的犯罪率急剧上升，伦敦警察部队建立

▲ 维多利亚时期伦敦的许多房子都是多家同住，各家住在不同的房间里

抓捕罪犯

要让维多利亚时代的小巷犯罪消失，还需要许多的努力

维多利亚时代的人们坚信，所有的犯罪都是可以侦破的，英格兰和威尔士司法统计局（Judical Statistics for England and Wales）公布的数据显示，各种形式的犯罪率似乎都在下降。然而，直到20世纪30年代，伦敦警察局才开始通报偷窃一类的"财产丢失"小案件，由此可以看出，许多处于社会边缘的人对警察等执法几乎没有信心，根本就不会上报偷窃的违法行为，这可能是对当时犯罪真实状况的一个较为淡化的处理。

在维多利亚统治早期，人们普遍认为犯罪人员主要来自底层工人。这些人不愿意在济贫院做正经的工作，宁愿游手好闲、酗酒胡闹。他们是潜伏在贫民窟深处的"危险阶层"，他们一有机会，便会侵扰社会上那些更正直的公民。

由于犯罪率总体上呈下降趋势，所以每当出现骇人听闻的犯罪案件时，为了吸引眼球增加销量，媒体就会紧盯住不放，造成一种全国性的恐慌气氛。引起这种过激反应的是一种"勒喉"犯罪，即受害人被抢劫者勒喉致死。这是一种比较罕见的犯罪，但是经过报纸大肆渲染便成为一个似乎随时可见的现实威胁。登载有这些故事的报纸往往大卖，也极大地激发了全民的防范意识，以至于人们开始使用各种夸张的自卫装备，而这种装备的不利威胁对携带者来说往往比罪犯分子更大。

当判决犯罪案件时，被带到法庭的犯罪嫌疑人大多数情况下都是男性和工人（女性常被判为无受害者犯罪，例如卖淫、醉酒和扰乱治安）。然而，有趣的是，在人们的刻板印象里，这些人所犯的罪行与大多数精英犯罪相比，通常微不足道。不过，在众人的印象中，罪犯通常来自社会底层。

在维多利亚时代，对杀人和叛国罪的刑罚处理非常严厉，一些还会判处死刑。然而，对于其

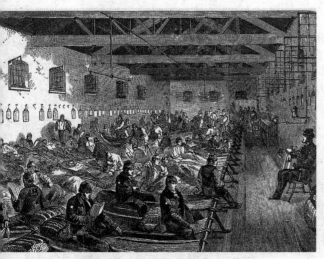
▲ 冷浴场监狱（Coldbath Fields Prison）的一个宿舍，绰号"钢铁"

▲ 霍洛威监狱1852年建立，当时是男女混监

▲ 监狱里用来磨面粉的踏轮一次要踩 8 个小时

他犯罪，处置的方法常常会根据个人经验有所差异。通常，艰苦的劳役和宗教的忏悔也会让他们重新回归道德、美德和勤勉工作。直到 19 世纪 50 年代，一些被列为不受欢迎者的人还会被送到澳大利亚流放，后来，澳大利亚殖民者提出反对，他们也不愿意接收这些令人讨厌的人。

直到 19 世纪末，医生和精神病学家才开始对罪犯心理进行精神分析。这得益于社会达尔文主义理论的影响，这种理论认为罪犯的行为异常或者缘于遗传因素，或者缘于父母教育缺失。

在维多利亚时代，警察也会在夜间徒步巡逻，许多人认为这种做法可以减少犯罪活动的发生，尽管很难衡量其效果，但至少它让维多利亚时代的人们晚上睡得更安稳了。

刑事判决

纵火	流放 15 年
遗弃	21 天苦役
偷圆葱	7 年牢役
乞讨	21 天苦役
谋杀	绞刑
人身攻击	21 天监禁
擅闯进入	1 个月苦役，罚款 27 先令
偷马甲	6 个月苦役

▲ 街头流浪儿常在河沟淤泥里翻找遗落的值钱之物

▲ 犯人冒着生命危险都想逃离单调枯燥的监狱生活

▲ 对于当时许多人来说，宁愿犯罪也比被送进济贫院里强

维多利亚时代的头号通缉犯
维多利亚时期黑暗社会中最残忍卑鄙的罪犯

艾米莉亚·戴尔（Amelia Dyer）
1837—1896

绰号：阅读恶魔（Ogress of Reading）、宝宝阅读农妇（The Reading Baby Farmer）

历经多年护士训练的戴尔，向年轻怀孕的妇女敞开家门，收容她们的私生子。婴儿出生后，她向婴儿的母亲承诺，一次性交给她一些费用，她就会为孩子提供一个安全有爱的家庭。然而，她并没有提供这样的家庭，而是把孩子杀死，把钱装进了自己口袋。虽然她曾受到怀疑，但是她捏造了各种的精神病院的不在场证据，从而避免自己暴露。最后，当她的罪行最终被揭露时，已经有 200~400 个幼儿丧生其手。

刑罚：绞刑。

遗言：我无话可说。

查尔斯·皮斯（Charles Peace）
1832—1879

绰号：旗帜十字架杀手（The Banner Cross Killer）

罪行：查尔斯·皮斯最初只是小偷小摸，但一生都在监狱中进进出出。1876 年，他在入户抢劫时杀害了一名警察。后来，皮斯喜欢上一个叫凯瑟琳·戴森（Katherine Dyson）的女人。一天晚上，凯瑟琳的丈夫发现皮斯跟踪凯瑟琳，皮斯开枪将其打死。最终，皮斯试图从火车车窗上逃走时被逮捕。

刑罚：绞死。

遗言：法官，如您和教会所言，你们相信，就算英格兰的每一片海岸都铺满了碎玻璃，我都会从上面走过去……活着是值得的，从永恒的地狱中拯救一个灵魂。

玛莉亚·曼宁（Maria Manning）
1821—1849

绰号：恐怖的伯德蒙塞（Bermondsey Horror）

罪行：玛莉亚·曼宁是瑞士的家庭女用人，她被财富蒙住双眼，一心想嫁给富人成为一位贵妇。她将目标瞄向帕特里克·欧康纳（Patrick O'Connor），然而，她最后嫁给了贫穷的铁路警卫弗里德里克·曼宁（Frederick Manning），他承诺自己会继承一笔财产，但这是一个谎言。玛莉亚一直跟欧康纳有不正当的关系，这是曼宁鼓励的。一天晚上，这对夫妇在厨房地下挖了一个墓坑，之后邀请欧康纳吃晚饭。欧康纳到了后被枪射中，但并未致命，曼宁用铁凿将他砸死。

刑罚：绞刑。

遗言：无记录。

威廉·帕尔默（William Palmer）
1824—1856

绰号：卢吉利投毒者（The Rugeley Poisoner）、投毒王子（The Prince of Poisoners）

罪行：帕尔默从小就被指控犯有偷窃罪。后来他成为一名医生，但是死亡似乎总是如影随形。他与安妮·桑顿（Anne Thornton）婚后几个星期，安妮富有的母亲就死掉了。就连帕尔默自己的 4 个孩子也神秘死亡。帕尔默负债累累，他给妻子和哥哥买了人寿保险，不久这两人就双双去世了。约翰·库克（John Cook）被谋杀后，帕尔默才最终浮出水面。库克被帕尔默毒杀，之后帕尔默还干扰了验尸。最终，判定库克的死因为士的宁（strychnine）中毒，帕尔默被判有罪。据说，帕尔默杀死了 14 人。

刑罚：绞刑。

遗言：库克并非死于士的宁。

济贫院

济贫院是"改正错误之地"，一方面是对穷人的惩戒，另一方面是对懒汉的威慑，是维多利亚时期穷人最后的容身之所

穷人在济贫院里辛勤劳作的形象，映射了维多利亚时代英国残酷的下层社会景象。不过济贫院很早以前就存在了，1601年，英国通过一项法律，要求教区负责照顾穷人，并以税款、衣服和食品形式提供帮助。然而，1834年通过的《济贫法修正案》，终止了对那些有能力工作的人的救济补贴。

英格兰和威尔士的所有教区都建立了自己的济贫院，但是济贫院并不是好的安身之所。进入济贫院的人会被分配劳累的工作任务，他们会被要求连续工作几个小时以完成这些工作，比如碎石或者拆绳子。提供给他们的只是稀粥之类的无味食物、拥挤的宿舍，每个人一周之内只能在监督下洗一次澡。不过，许多人认为济贫院生活最糟糕的地方是一个家庭会被拆散。同一个家庭的男人、女人、男孩和女孩会被隔离在不同的区域，只允许周日见面一个小时左右。济贫院的条件非常恶劣，教区确保只有真正需要帮助的人才能申请。

但是，济贫院里也不全是厄运和阴霾。与外面世界不同的是，它能给住在里面的人提供免费的教育和医疗保健。这些举措为新时代国家福利制度的建立奠定了基础，1948年英国国家医疗服务体系（NHS）建立，许多济贫院被改造成医院。

娱乐室

男女有分开的娱乐室，老年人和体弱者就在光线不足的娱乐室里打发时光。身强体壮的人也会在难得的休闲时间来到这里，但是禁止打牌或其他任何赌博性游戏。教区通过让济贫院的生活变得空虚无聊来阻止更多的人到此求助。

❶ 洗衣房

济贫院里女性负责家务劳动，例如打扫、园艺，在厨房或洗衣房里帮忙。有的济贫院会设置缝纫、纺织和编织工作坊，以促进地方纺织业的发展。

❷ 教室

与外面的世界相比，济贫院为数不多的好处之一是孩子们可以接受免费的教育。孩子们每天至少要学习 3 个小时的课程，学习阅读、写作、算术和其他课程，这些课程将"培养他们有用、勤奋和美德"。

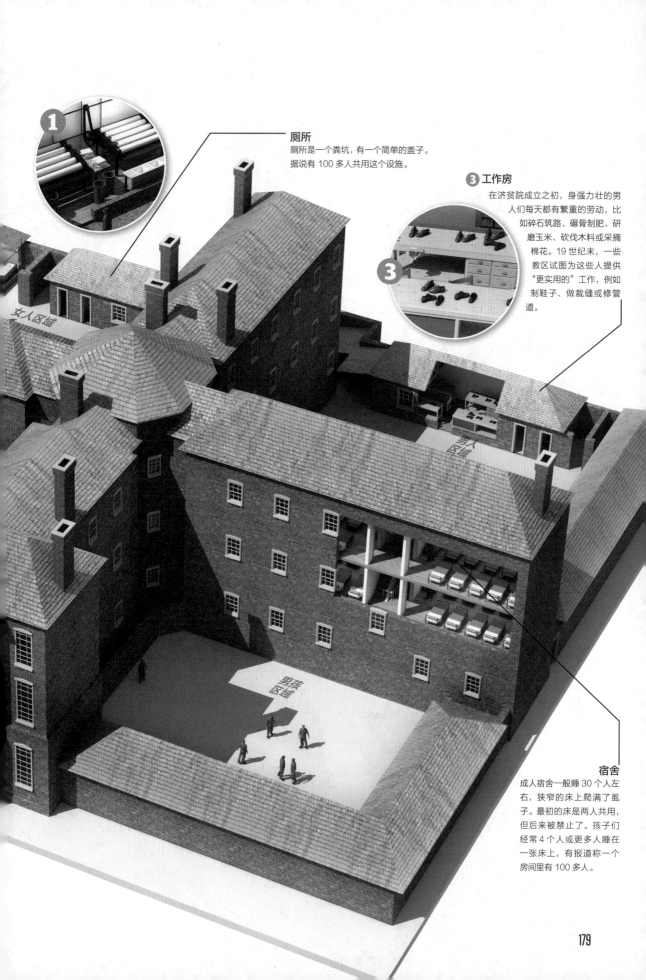

厕所

厕所是一个粪坑，有一个简单的盖子。据说有 100 多人共用这个设施。

❸ 工作房

在济贫院成立之初，身强力壮的男人们每天都有繁重的劳动，比如碎石筑路、碾骨制肥、研磨玉米、砍伐木料或采摘棉花。19 世纪末，一些教区试图为这些人提供"更实用的"工作，例如制鞋子、做裁缝或修管道。

女人区域

男人区域

男孩区域

宿舍

成人宿舍一般睡 30 个人左右，狭窄的床上爬满了虱子。最初的床是两人共用，但后来被禁止了。孩子们经常 4 个人或更多人睡在一张床上，有报道称一个房间里有 100 多人。

帝国扩张

大英帝国的野心是如何实现的，
它是如何建立起一个占世界四分之一面积的帝国的

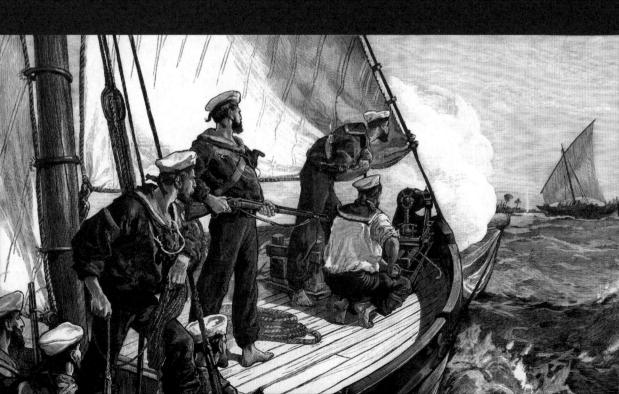

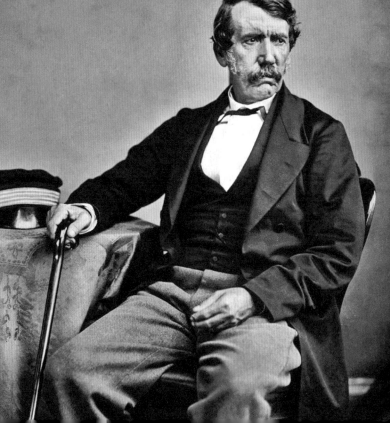

帝国的崛起

利文斯通到达非洲

非洲，1841年

非洲广袤的平原吸引了苏格兰传教士大卫·利文斯通，他探险非洲向当地民众传播基督教。他坚决反对奴隶贸易，持之以恒地请愿废除奴隶贸易。他穿越喀拉哈里沙漠（Kalahari），沿着赞比西河（Zambezi River）到达了其在印度洋的源头。他是第一个穿越南部非洲的欧洲人，在探险途中绘制了许多人类未曾涉足地区的地图，这些地图在后来欧洲列强开始争夺非洲殖民地时发挥了巨大的作用。他痴迷于寻找尼罗河的源头，但是壮志未酬就去世了。他的心脏被埋葬在非洲的一个村庄里。

▲ 利文斯通从伦敦牧师学校（London Missionary School）辞职，因为学校想让他少探索、多传教

第二次布尔战争

南非，1899—1902年

在第一次布尔战争乱局之后，英国几乎已经放弃这个地区，但是当在布尔人领土上发现了一座大型金矿时，他们又重燃兴趣。寻矿者们蜂拥而至，但是说荷兰语的布尔定居者们认为这些人对他们的独立构成了威胁，于是两股势力爆发了战争。英国援军不断拥入，对布尔人进行了毁灭性的打击。比勒陀利亚、约翰内斯堡和布隆方丹（Pretoria, Johannesburg and Bloemfontein）都落入了英军之手。虽然英国在该地区获得了土地，但是这场战争备受批评，世界各国都痛斥英国的这种帝国主义恶劣行径。

▲ 超过两万名英国士兵在这场冲突中丧生

第一次鸦片战争

中国，1840—1842年

　　19世纪初，英国商人开始向中国倾销鸦片，以赚取白银购买中国商品。当中国官员打击这种鸦片毒品贸易时，英国派出了炮艇。中国被迫开放更多的港口与英国进行贸易，后来还将香港岛割让给了英国。

▲ 享有"印度皇帝"头衔的最后一位君主是乔治六世（George VI）

英属印度

印度，1858年

　　一个世纪以来，英国东印度公司逐渐控制了印度的大部分地区。掌控印度对英国的贸易至关重要。但在1857年，东印度公司对印度的统治经受了一系列挑战。1858年，印度的统治权移交给英国政府，英属印度建立。由于印度是英国的"王冠上的明珠"，不仅能提供香料和珠宝，还能提供相当多的军队人力资源，因此英国非常重视进出印度次大陆的贸易路线安全。

通往亚洲的捷径

埃及，1875年

英国人一直反对开通苏伊士运河，他们认为这会威胁到他们在国际贸易中的主导地位，因为开通运河后船只无需绕航非洲即可到达亚洲。但是在1875年一个机会出现了，埃及总督赫迪夫（Khedive）遭遇财政危机，英国趁机从他手中购买了苏伊士运河的股份。现在英国和法国成为联合股票持有者。直到法国因国内政治问题被迫放弃股权，英国全面彻底地控制了苏伊士运河，英国的船只凭借运河迅速占有了这条重要的捷径航线。

▲ 苏伊士运河1869年开通，连通地中海和红海

迪斯雷利的使命

英格兰，1804—1881年

倍受维多利亚女王青睐的首相本杰明·迪斯雷利完全信奉英国帝国主义，并下定决心自己在任时要扩展英国的版图。他尤其希望在非洲取得进展，购买苏伊士运河的股票便证明了这一点。同时，他还让维多利亚拥有了"印度女皇"的头衔，宣称英国对印度的控制权，提升了英国在国际舞台上的地位。

◀ 迪斯雷利与自由党领袖威廉·格莱斯通是长期的对手

英国祖鲁战争

南非，1879年

亨利·巴图弗里尔勋爵（Lord Henry Bartle Frere）被派到南非，将英国殖民地组织成一个南非联邦。但是，他遭到了强大的祖鲁王国的拒绝。当祖鲁酋长拒绝合作的时候，他不顾英国政府的建议，对祖鲁王国发起了战争（The Anglo-Zulu War）。祖鲁人顽强抵抗，但最终还是被打败、瓜分并入英国。

▲ 在伊山德瓦纳战役（Battle of Isandlwana）中英国惨败

罗兹前往非洲

开普殖民地（Cape Colony，南非），1853—1902年

没有人比塞西尔·罗兹更能代表英国殖民主义了。他坚信英国统治能够让非洲受益，他是英国向南非扩张的背后推力。起初，他在南非地区进行一系列的钻石采矿活动，帮助英国控制了贝专纳兰（Bechuana-land），并借助武力逐步扩大了对他命名为罗德西亚的地区的控制。

▲ 罗兹最大的梦想之一就是建造一条从开普到开罗的铁路

大不列颠驰骋海洋

英国能够享受帝国丰硕的果实，
所向无敌，要归功于强大的
军事力量——皇家海军

谁统治海洋，谁就统治世界。这是维多利亚在她伯父死后准备继承王位时灌输给自己的思想。飞机、坦克和核弹出现之前，海洋是最激烈的战场。英国是一个被水包围的小岛国，将它与所有的竞争对手、所有的领土和巨大的财富分隔开来。但是，维多利亚时代的人并没有将这片辽阔的蓝色海洋视为将他们的国家与世界隔离开来的障碍，而是将海洋视为他们最亲密的邻居，并利用海洋建立了强大的海军。

维多利亚时代许多杰出人士认为，英国在全球范围内建立海军霸权的光荣时代是16世纪的伊丽莎白女王时代，各类战船在海上乘风破浪，让敌人胆战心惊、令人瞩目、印象深刻。然而，他们错了。毫无疑问，的确是伊丽莎白一世时代的英国的开拓精神为未来的帝国奠定了基础，但是直到他们自己的时代即维多利亚女王统治时代，海洋才真正属于英国。当维多利亚登上王位的

大约1880年，英国皇家海军船员正在追击一艘东非贩奴船

强大的皇家海军保障了英国的自由经济政策，大英帝国不断扩张。

数量优势
这些数字和统计数据说明了世界争霸孰胜孰败的差异

124000

英国陆军人数相对较少，第一次布尔战争期间，只有124000名常规军。国家集中力量加强海军建设，给陆军投入较少。陆军人数虽少，但是战斗力强。

英国商船吨位在维多利亚统治时期获得长足发展。商船总吨位从1839年的2571000吨达到1850年的3565000吨，船只增加4314艘。

2571000　　**3565000**

4314

1883年，英国拥有38艘战舰。1889年正式贯彻两强标准策略，1897年海军支出增加，战舰达到62艘。

英国坐拥62艘战舰登顶王座，法国以36艘战舰位列第二，俄国有战舰18艘，德国12艘。这3个国家都在整合力量，力图打造比英国更强大的舰队。

时候，她统治的英国海军已经强大到可以睥睨世界。不过，在竞争对手紧追不舍的情况下，保持领先地位绝非易事。

在特拉法尔加海战（Battle of Trafalgar）中，拿破仑·波拿巴舰队的大多数舰船都被摧毁，英国的宣言清晰有力，整个世界都能听得到——我们英国统治了海洋。从那时起，英国享受了相对和平的时期，这段时期使它能够扩编舰队，发展工业，让国家不断发展壮大。

海军很快成为英国的中流砥柱。英国船只将移民运送到许多海外殖民地，在非洲和南美洲海岸线巡逻并保护帝国的利益，最重要的是，英国船只能够确保全球贸易网络的安全。当所有重要的竞争对手还在自我疗伤时，英国快速地繁荣发展起来。

凭借其强大的贸易网络以及从世界各地能够获取丰厚利润商品的优势渠道，伦敦成为世界商业中心。商店里摆满了来自地球上最遥远地方的产品：珍贵的宝石、香料、奢华的丝绸衣裙、闪闪发光的手表、手镯和食品，琳琅满目，这些东西一个世纪前的人甚至从未见识过或者品尝过。那些有幸能够享受这些成果的人，切实感受到了英国海军的强大实力及其对海洋的控制给这个国家带来的好处。1851年，世界工业博览会向全世界展示了英国的发展奇迹，移民们蜂拥而至，到这个国家去寻求无处不在的致富机会。

最值得注意也最令英国民众满意的是，英国能够在不向国民增加赋税的情况下获得对海洋的控制权。事实上，英国用于国防的资金很少，每年人均只有1英镑甚至更少，国民收入仅有2%~3%的比例用在了国防这一国家命脉上。英国的繁荣发展期，恰好赶在了其他国家没有能力建造和装备如此庞大舰船的时候。19世纪早期，英国的优势地位基本无人能够挑战。各国都在力图从拿破仑战争的创伤中恢复过来，根本没有实力和精力考虑挑战英国的地位。除此之外，英国开辟新航线，没有严重威胁其他欧洲国家的利益，所以，英国独霸海洋更容易一些。当英国在全球的势力变得越来越强大的时

DRAWN BY GORDON BROWNE, R.I.　　　　　　　　　　　　　　　　　　　　　　　　　　FROM A PHOTOGRAPH BY A BRITISH OFFICER
There are not many luxuries to be obtained while campaigning in South Africa, and pineapples at twopence each are a great boon.　It is doubtful whether our soldiers ever saw good pineapples sold at so cheap a price
PINEAPPLES AT TWOPENCE EACH; A SCENE IN CAMP AT CHIEVELEY

▲ 布尔战争中的英国士兵，在营帐中享受异国的菠萝

候，各国只能投去嫉妒的眼光。

　　英国的政客们很聪明：他们知道激进的政策会让其他国家着手建立自己的工业，因此他们转而奉行自由贸易政策。一个国家究竟坐拥多少船只才能真正实现"海军霸权"，不得而知，但是英国的确能保证其海军力量无所不在。1848年，31艘英国军舰保护其地中海地区的利益不受侵害；25艘船在东印度群岛巡逻，以防范海盗的威胁；27艘船在非洲西海岸与贩奴作斗争；10艘船在好望角、10艘船在西印度群岛；12艘船在太平洋上巡逻；14艘船在南美海岸守护英国的利益。与此同时，只有35艘船留在英国水域，其中12艘驻扎在爱尔兰。英国对自己傲视世界的实力充满信心。

　　然而，这样的情况不会持续太久。大陆列强的创伤正在逐渐恢复。英国坐拥世界帝国的宝座太久了，他们也觊觎这一切。首先对英国海上霸权构成威胁的是拿破仑三世统治下的法国。在克里米亚战争期间，法国让世界领略了它的军事力量，尽管英法两国曾作为盟友并肩作战，但是英国对这个潜在的对手越来越警惕。随着法国海军力量的稳步增强，第一艘铁甲舰"光荣"号（the Gloire）的建造，使英国人越来越担心法国的下一个打击目标可能是自己。

　　英国议会担忧法国日益增长的威胁，因而在1859年建立了皇家国防委员会（the Royal Commission on National Defence），应对处理这一问题。71岁的新任首相帕默斯顿勋爵非常明确地表明了自己的立场：他们可能曾经是盟友，但是他丝毫不信任拿破仑三世。皇家国防委员会建

▲ 英国许多港口例如南安普敦（Southampton）贸易不断增长，当地经济繁荣发展

议，应该加强国家海岸线防御的军费投入，以应对目前难以避免的袭击。但是，下议院有许多人不同意这一点，相反，他们希望再行追加舰船建设经费，以进一步增加英国海军的规模和实力。帕默斯顿对不断壮大的法国海军感到担忧，他想方设法让议会拨款20万英镑打造新的铁甲舰。毫无疑问，英国目前统治着海洋，但完全陶醉于此、不用进取的时代已经结束了。海军霸权不再有固定的公认标准，各国激烈较量，无论投入多少的代价。

虽然这样的反应看似突然且有些过度，但这的确是一个合理的反应。海军上将约翰·费希尔爵士（Admiral Sir John Fisher）在改革皇家海军过程中发挥了重要的作用，他曾经说："如果海军被打败，我们担心的不是被入侵，而是饥馑。"这句话听起来很真实。英国是一个以制海权和贸易为基础建立的国家。如果这一点受到威胁，一切都可能崩溃。表面上风平浪静，没有血腥的战斗或激烈的冲突，但是，随着每个国家都在稳步建设自己的舰队，最终的冲突是不可避免的。英国需要担心的不仅是法国，还有其他强大的对手也在加紧战备。

俄国已经开始在黑海和波罗的海部署越来越多的海军力量。与此同时，美国不再受内战的牵制，凭借战时关税的优势，已经成为一个强大统一的国家。意大利也在稳步提高海军力量，而随着日本的迅速现代化，其海军力量也在逐渐增强。如果英国坐视不管，毫无疑问，制海权将从它的手中被夺走。

早在1848年3月，当时的外交大臣帕默斯顿勋爵就曾经说过："认为这个或那个国家是英国永远的盟友或者永远的敌人，这都是狭隘的政策。我们没有永远的盟友，也没有永远的敌人。

皇家海军的支柱

英国知道其国家实力命系海军，拿破仑在特拉法尔加战败并最终走上败落之路就是证明。其他国家将资源分配在发展海军、陆军和陆地防御上，英国只集中精力做一件事：打造皇家海军。这一举措硕果累累，很快英国海军就成为世界上最强大的海军。其他国家也开始注意到这一点。尤其法国、俄国和德国，以及迅速崛起的日本，纷纷开始建造各自的海军力量。英国必须谨慎，如果任何一个国家的海军实力与它们的实力接近，英国海上优势就有可能受到挑战。更糟糕的是，如果它们联合起来针对英国，那结果可能是灾难性的。所以，1889年《海军国防法案》（the Navy Defence Act）正式采纳两强标准。法案要求英国海军要有能力应对其他国家强大海军的联合力量。这一观念以前提出过，但这是首次上升为正式的官方政策。因此，经费很快被筹集用以建造战舰，英国打造了10艘新型战舰和38艘巡洋舰。因为两强标准，英国将注意力放在应对潜在敌人上，而非单纯的自身发展壮大。皇家海军在未来许多年间一直是无人敢挑衅的力量。

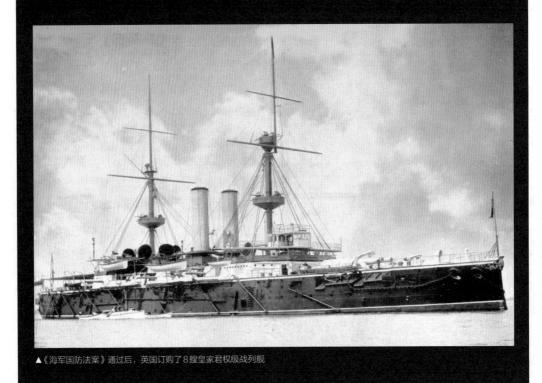

▲《海军国防法案》通过后，英国订购了8艘皇家君权级战列舰

我们的利益是永恒的，我们有责任遵循利益导向。"在接下来的60年间，直到维多利亚统治结束，国家的控制权一直在数位非同寻常的人物之间传递。帕默斯顿勋爵、本杰明·迪斯雷利勋爵和索尔兹伯里勋爵，他们的行事风格和个人性格不尽相同，但是他们在一件事上是一致的，那就是追求英国利益至上，以及最重要的必须加强海军建设的理念。即使是不愿给海军投入经费的威廉·格莱斯通，他身边的内阁成员也多不赞同他的观点。

因此，从1860年一直到维多利亚统治末期，军事开支大量增加，以确保英国皇家海军是世界上最强大、最先进的。英国进入了一段试验期：建造新型舰船，然后升级改进，不断迭代，代替以更新更强的舰船。蒸汽船大量建造，螺旋桨确保其具有强大的推动力，乘风破浪穿过海洋。军舰很快成为发展的焦点，坚固钢铁被用于船只建造，强大的装甲舰诞生了。当英国的竞争对手也能建造自己的钢铁战舰时，英国就回应以能击穿钢铁装甲的新型强大火炮，英国船只的装甲厚度和耐用性也随之提高。接下来，是鱼雷艇，然后是鱼雷艇驱逐舰，等等，就这样持续发展下去，英国拥有了功能最多样、型号最丰富的庞大皇家海军。在短短的40年时间里，海洋技术发展日新月异。

那个时代，是心怀革新思想、充沛精力的人物大展宏图的时代，约翰·费希尔在加入海军前身无分文、默默无闻，最后成为这个国家最重要的人物之一。他决心加快舰船的建造速度，不知疲倦地倡导了一系列海军改革，让海军成为一支强大的现代军事力量。"当你被告知一件事不可能，有无法克服的反对意见时，"费希尔说，"那就是你应该拼命战斗的时候了。"英国决心证明帝国的强大不仅仅是"赶上了好时机"的结果。因此，不断的创新改变了海军，使其不断发展壮大。英国民众和政府终于达成了一致，海军是至关重要的。1894年，当首相威廉·格莱斯通试图反对另一个重要的海军建设计划时，被投票否决，他本人被迫辞职。仅仅3年后，斯皮特黑德（Spithead）海军阅兵式上，165艘英国军舰——包括21艘一级战列舰和54艘巡洋舰——向世界展示了皇家海军的强大规模和实力。

英国仍然是海洋的主宰，但由于对海军的绝对关注，使其忽视了一个日益增长的贸易动力——铁路。具有讽刺意味的是，铁路是英国人的发明，却极大地促进了俄国、美国和中欧的工业化发展。它使内陆或部分内陆国家能够比水路更低成本、更快速便捷地运输货物，也能够更快速地运输人员——特别是军队。尽管拥有庞大的海军，但从1875年到19世纪末期，英国在世

促进帝国发展的发明

冷藏船

以前受航行时间、隔热材料和气候条件的影响，无法用船运输冷冻食物。1882年，装备冷藏机的船只成功将冻肉从新西兰运回英国。机器采用蒸汽动力和空气压缩方法，让食品存储保持在理想的温度。

铁甲舰

1859年，法国建造了第一艘铁甲舰"光荣"号，英国迅速做出反应，他们建造了"勇士"号和"黑王子"号这些战舰船体巨大，航速超快。铁甲舰很快淘汰了传统的木制战舰，英国所有的竞争对手也都开始建造自己的铁甲舰。

螺旋桨推动

19世纪大多数船只都使用蒸汽和风帆联合动力。1835年左右，在英国居住的两个发明家瑞典工程师约翰·埃里克松（John Ericsson）和弗朗西斯·佩蒂特·史密斯（Francis Pettit Smith）研发了螺旋桨，使得螺旋桨推动器应用成为现实。1838年，第一艘大型船只"阿基米德"号采用这一技术，达到每小时10节（时速18.5千米）的惊人速度。

旋转炮塔

19世纪早期战船的两侧都配备有成排的炮，但火力有限，精度不高。在克里米亚战争期间，英国海军上尉库珀·菲普斯·科尔斯（Cowper Phipps Coles）建造了一艘装有32磅炮圆形炮塔的充气船。看到它的巨大破坏威力后，科尔斯着手建造具有全方位射击角度的船只。他的设计理念很快就在几艘皇家海军舰船上得到应用。

▲ 船员必须紧跟船只技术的各种发展

亲爱的日记：海上生活

19世纪新技术发展改变了海员在大海上的生活方式，船只的安全性逐步提升，但是漫长艰苦的旅行远非一帆风顺。

第一天，1865年4月6日

今天出航，几个船员在最后一刻被替换下来，因为有许多船员拒绝登上"危险船只"扬帆出航。有传言说他们犯了擅离职守罪，将被逮捕。所以我把头低下，埋在人群当中，直到出航。

第二天，1865年4月7日

有一些新的船员"轮机工程师"登上了这艘漂亮的蒸汽船。很明显，他们以前是火车司机！这些家伙来操作船的蒸汽轮机，但是说实话，我们这些老船员有点好奇，他们是怎样取得海员资格的。

第三天，1865年4月8日

今天海上有强风，巨浪滔天。运载着火炮的船只开始漏水。无论他们使用多么先进的新技术，船只依然还是漏水。我们只能尽力将水抽出。

第四天，1865年4月9日

越来越多的船员生病，那些没用的医生坚持认为朗姆酒就是最好的药。我能想到朗姆酒唯一的作用，不是治疗船员们难受的胃，而是振奋船员们的士气。

第五天，1865年4月10日

5天后，有船员抱怨船上的食物难吃。是的，食物清淡，每天重样，但至少能够吃饱。我们有许多罐装食物，我承认我有点嫉妒给长官们预留面包和肉。

界钢铁和生铁产量中占比急剧下降。1875年，全英国的铁产量占世界总产量的46%，现在下降到14%，与此同时，美国则从15%上升到40%。看起来，英国的竞争对手似乎已经走出了阴影。

1900年夏季，维多利亚统治末期，英国海军霸权面临最危险的威胁。威胁来自一个新近崛起的竞争者：德意志帝国。在第二次布尔战争激战正酣的时候，英国巡洋舰要求搜查德国邮船，这激怒了德国，德国推出了《第二海军法》

（Second Naval Law）。从法案可以看到，德国舰队规模从19艘增长到38艘，同时增加了一系列新型战斗中队。德国的这一迅速发展向英国发出了清晰而又简短的信号：英国不再是唯一能够快速建造战舰的国家了。

在海军发展上，英国竭力维持着两强标准，它在精神上独力对抗着全世界的所有竞争者们。不过，维多利亚时代接近尾声时，这个岛国终于开始意识到必须学会与盟友共享海洋，否则就会彻底失去对海洋的控制。

从海外贸易中获利

进口：咖啡

虽然英国是一个以饮茶而闻名的国家，但在1840年，英国进口了7000万磅咖啡，而茶叶进口了2800万磅。直到1853年，随着印度茶园的发展，茶才开始取代咖啡，成为英国国民最喜欢的饮料。

进口：鸡蛋

19世纪的英国还没有完善现代家禽饲养方法。英国母鸡只在温暖的春天和夏天产蛋，所以英国在1853年就被迫进口了约1.23亿只母鸡。

出口：煤炭

煤炭是英国工业化的支柱和燃料，在1860年至1900年，煤炭年产量从8000万吨上升到2.25亿吨以上。其中四分之一的煤炭出口到海外，这意味着煤炭占英国出口总量的十分之一。

出口：钢材

维多利亚时代另一个迅速发展的工业就是钢铁生产。1870年英国生产大约30万吨钢材，到1900年时增长到500万吨，其中近100万吨用于出口。

战地医疗

一场惨烈的克里米亚战争和一位自学成才的护士，
是如何推动医学进步的

早在17世纪，为伤病士兵提供医疗救助已是司空见惯之事，但是科学和技术对战地医疗的促进发展，则是两百年之后的事情了。

19世纪中期，最重要的医学进步之一就是麻醉剂的使用，麻醉剂主要用于战地医院令人恐怖的截肢手术。在此之前，受伤的士兵只能眼睁睁地看着自己受伤的肢体被外科医生生锈的锯子锯掉，他忍受着剧痛，在一块破布上咬一口以求喘息。使用了麻醉剂后，他将在整个可怕的过程中进入毫无知觉的睡眠状态。不过，这种新药并非没有风险，实验麻醉师很容易过量使用这种药物，结果发现有时手术并非是在挽救生命，而是在给人验尸。

麻醉药剂的风险引起医疗界的广泛质疑。1853年克里米亚战争之初，英国军队首席医疗官（The British Army's Principle Medical Officer）约翰·哈尔（John Hall）写道："刀割的剧痛是强大的刺激，听一个人痛苦地叫喊比看着他无声地沉入坟墓要好得多。"无论如何，在整个战争期间，对伤员使用麻醉的做法越来越多，与此同时，在类似《柳叶刀》（*Lancet*）这样的医学杂志上也发表了更好的实践方法。尤其是法国军医，他们只给病人施用少量的麻醉剂，手术过程也很迅速，这样病人不会提前醒来感受到疼痛。

在战争期间，战地医院的卫生标准和做法也进行了彻底改革，其中最著名的是弗洛伦斯·南丁格尔做出的努力。在参观了斯库台湖（Scutari）战地医院后，她注意到士兵们被遗弃在满是老鼠和虱子的宿舍里，几个星期无人照料。由于仅给1000多名伤员分发了少量的夜壶，交叉传染，因此造成疾病在医院迅速传播，夺去了更多人的生命。

回到伦敦后，南丁格尔的经历和发现震惊了政府和很多民众，人们意识到军队迫切地需要更好的医疗服务。

南丁格尔被誉为"提灯女士"，医护人员上床休息后，她还会提着油灯单独去看望病患

战地医疗里程碑

1847 年，皇家海军采用麻醉剂

外科医生托马斯·斯宾塞（Thomas Spencer）在马耳他皇家海军医院服务的时候，对 106 名遭受各种伤痛的病人使用了麻醉剂，这是第一次在军队中使用乙醚。

1853—1856 年，克里米亚战争

克里米亚战争初期，因为疾病和俄国恶劣的天气，英国军队损失惨重。麻醉剂在法国、土耳其、俄国和英国军队中广泛使用，最初剂量过大常常造成伤员死亡。到战争结束时，人们对手术中施用三氯甲烷有了更多的了解。

1857 年，军事医疗改革开始

弗洛伦斯·南丁格尔看到前线受伤士兵遭受的境遇，呼吁皇家委员会调查军人健康状况以及医疗实践的情况。后来她建立了南丁格尔护士培训学校。学校的毕业生都被称为"南丁格尔"。

1863 年，第一家陆军医学院

在弗洛伦斯·南丁格尔的帮助下，英国第一家永久性军事医院和陆军医学院在汉普郡建立。在这里，普通医生和护士接受训练后，将为军队服务，医学院同时也研究和开展战地卫生医疗实践。

1881 年，军队护理服务开始

英国第一家正式的军事护理机构建立，护士（称为姐妹）被派到祖鲁战争（1879）的前线以及英埃战役（1882）前线。到 1883 年为止，每一家拥有 100 张或以上病床的军事医院，都要配备陆军护理服务姐妹会（Sisters of the Army Nursing Service）。

1897 年，伤寒疫苗研制成功

在陆军医学院工作期间，阿尔穆罗斯·莱特（Almroth Wright）研制出了第一支预防伤寒的疫苗。伤寒是一种可预防的疾病，在那个时期经常导致数千名士兵死亡。起初军队官员拒绝使用，但到 20 世纪，它已被广泛用于现役士兵。

1898 年，皇家军队医疗团建立

英国武装部队设立了一个官方医疗联队，从事医疗军事服务的军事人员享有正规军的官衔、工资待遇和特权。新建的皇家军队医疗团（Royal Army Medical Corps）在第二次布尔战争中发挥了作用。

弗洛伦斯·南丁格尔

弗洛伦斯·南丁格尔在战地医院救死扶伤，奠定了现代医疗事业的雏形，并将护理变成一个 19 世纪让人尊敬的职业

1847 年，求婚
理查德·蒙克顿·米尔恩斯（Richard Monckton Milnes）向弗洛伦斯求婚。弗洛伦斯花了 7 年时间考虑，最终拒绝了他的求婚。

1853 年，改善病患护理
弗洛伦斯在"护理生病贵妇疗养院"（the Institute of Care of Sick Gentlewoman）担任监护长一职，在此期间她帮助改善医疗条件和病人的治疗状况。

1820

1820 年，出生在佛罗伦萨
弗洛伦斯以出生的城市命名。她出生在意大利一个富有的上等阶层家中。

1837 年，使命召唤
弗洛伦斯在汉普郡安伯利公园（Embley Park, Hampshire）的家中，经历了她所说的"来自上帝的召唤"，这点燃了她奉献一生的愿望。

1845 年，自学成才
父母亲得知她想成为一名护士的想法后很失望，弗洛伦斯开始自学，成为医疗和卫生方面的专家。

1850 年，第一本册子
弗洛伦斯参观了莱茵河上的凯撒斯韦特研究所（Institution of Kaiserswerth），在牧师（Reverend Pastor）的请求下，撰写了一本关于研究所的册子。

关键时刻

1855 年,"提灯女士"弗洛伦斯
弗洛伦斯每天工作 20 小时,致力于改进卫生护理条件,降低士兵死亡率。她在护理伤员时会手提油灯,因此获得"提灯女士"的称号。

1860 年,建立护士学校
1856 年,弗洛伦斯作为战地女英雄回国,成立南丁格尔基金会(the Nightingale Fund),筹集了 4.5 万英镑。有了这笔钱,南丁格尔护士培训学校(the Nightingale Training School)在伦敦成立,以培训护士。

1910

1854 年,被召唤到克里米亚
克里米亚战争的恐怖情形被公众知晓。国务大臣请求弗洛伦斯去照顾受伤的士兵。弗洛伦斯组织了 38 名志愿护士前往克里米亚。

1857 年,为战争付出代价
弗洛伦斯患有疾病和创伤后应激障碍的困扰,卧床不起,再也没有出现在公众视野中。

关键时刻

1907 年,获颁功绩勋章
爱德华七世国王授予弗洛伦斯功绩勋章(Order of Merit),这是历史上第一次将功绩勋章颁发给女性。

1910 年,弗洛伦斯去世
90 岁的弗洛伦斯在睡梦中去世。她未能入葬威斯敏斯特教堂,而是安葬在了东韦落(East Wellow)的家族墓地。

亨利·斯坦利问道："请问你是利文斯通博士吧？"这句话成为历史上的一句名言。

利文斯通的探险旅程将非洲展现在西方世界的面前。

人物简介
大卫·利文斯通
1813—1873

利文斯通是一个传教士和探险家，因探险非洲而知名，他劝说当地人皈依基督教，废除奴隶制，并探索尼罗河的源头。他的传教努力和探险之旅虽然没有实现最终的目标，但并不影响其死后成为英国国民英雄。

——大卫·利文斯通——

肩负使命的传教士

传说中的苏格兰探索者大卫·利文斯通，
将他的一生献给了非洲的探索事业，执着于探寻尼罗河真正的源头

在第一批传教士探索非洲大陆之前，对大多数欧洲人和美洲人来说，非洲是一片神秘的广袤大陆。有这样一个苏格兰人，帮助人们了解了当时这片几乎无人知晓的大陆，他的名字叫大卫·利文斯通。他和为数不多的几位卓越的探险者来到非洲探险，这些探险活动永远地改变了非洲大陆的政治和经济格局。

利文斯通于1813年3月19日出生在格拉斯哥南方一个叫布兰太尔（Blantyre）的小村庄，10岁时到一家棉纺厂工作。父亲是商店的店主，教他读书写字。到1836年时，他已经筹集了足

利文斯通和他的妻子玛丽一共生养了6个孩子：罗伯特、艾格妮丝（Agnes）、托马斯、伊丽莎白、威廉·奥斯维尔（William Oswell）和安娜·玛丽（Anna Mary）。

够的资金，开始学习医学和神学。从苏格兰默默无闻的工人阶层成长为蜚声国际的人物，这是维多利亚时代为数不多的特例。

利文斯通在格拉斯哥安德森大学（Anderson's University）完成学业，后来搬到了伦敦，在不同学院继续接受教育。他的目标是成为一名传教医生并前往中国。但是，人们建议他不要去。1841年，他被伦敦传教士协会（London Missionary Society）派到南非的卡拉哈里沙漠，探索位于今天博茨瓦纳境内的奈格米湖（Lake Nagmi）。利文斯通虔信上帝，他初到非

当时非洲的奴隶贸易很猖
獗，利文斯通坚信非洲人有自
己的尊严。

洲就向非洲人民宣传基督教，不知疲倦地努力防止奴隶贸易的蔓延。1856年回国的时候，利文斯通已经成为全民偶像。他开始巡回演讲，讲述他在非洲的见闻，并撰写了一本畅销书《在南非的传教旅行和研究》（*Missionary Travels and Researches in South Africa*）。

到1851年，他凭借独木舟、骑牛、步行的方式，几乎穿越了整个卡拉哈里沙漠，差点死于疾病和野生动物的攻击。值得一提的是，他的妻子和孩子起初也加入了他的队伍，但是一年后因病被迫回国。但是利文斯通没有停止脚步，他一直到达今天的纳米比亚和安哥拉的海岸地区。

1856年5月，利文斯通到达印度洋的克里马内（Quelimane，现莫桑比克）的赞比西河口，成为第一个穿越南非广袤大地的欧洲人。当地人将壮阔的赞比西瀑布称为"雷鸣般的烟雾"，利文斯通将之重新命名为"维多利亚瀑布"。利文斯通作为一个开拓者，是有记录的第一个接触南非和中非当地部落的欧洲白人。据说，他曾私下释放尼亚萨湖泊（Nyasa）150名做工的奴隶。在探访非洲期间，利文斯通获得了"治疗师"或者"药师"的声名，他治好了生病的非洲原住

他相信探索非洲、让非洲人皈依基督教，是上帝赋予他的使命。

民。对非洲人来说，他摘除肿瘤的技术在这片土地上前所未闻。

利文斯通是一位多产的作家，他把自己的发现都记录了下来。利文斯通在《赞比西河及其支流探险的故事》（*Narrative of an Expedition to the Zambesi and Its Tributaries*）中，推动了人们对当时肆虐全球的坏血病和痢疾的认识。他是第一个使用奎宁治疗痢疾的人，他谨慎且有条不紊的方法，让他的跨洲之旅成为死亡率最低的一次旅行。他是最早将蚊子与疟疾、气候与热带疾病传播联系起来的人之一。

19世纪50年代末，政府资助的官方旅行越来越多，利文斯通历经了艰难的几年。1862年，他的妻子玛丽死于疟疾，两年后，政府因不满他的工作将其召回。利文斯通主要的目标之一是公开骇人听闻的奴隶贸易。在欧洲，不是每个人都了解非洲人被带离家园、被迫劳动的冷酷现实。他成为坚定的废奴主义者，用文字引发了英国国内公众对非洲人民苦难的认识。

遗憾的是，利文斯通持续的旅行对非洲的未来也产生了负面的影响。他发现了星罗棋布的村庄、水源及贸易路线，他和他的探险队帮助非洲向西方世界敞开了大门。因此，欧洲主要的殖

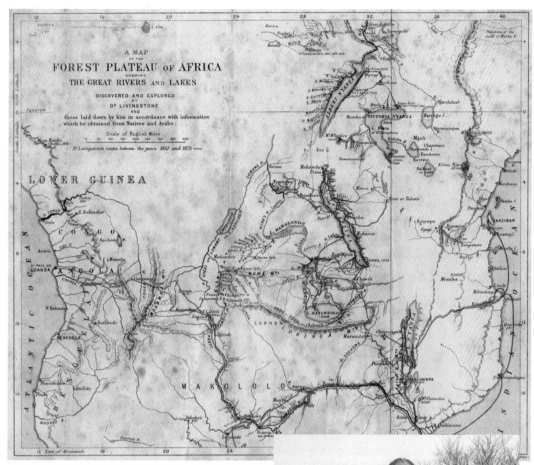

▲ 这幅地图记录了利文斯通在1851年到1873年之间穿越非洲的旅行

国家变得更容易掠夺非洲。有些人认为，帝国主义对非洲的成功掠夺很大程度上要归因于利文斯通及其同伴。

1866年，利文斯通获得足够的资金返回非洲。这一次他要寻找尼罗河的发源地，他依然坚定不移地反对奴隶制。他在桑给巴尔（Zanzibar）登陆时如此沉迷于自己的探险，以至于英国政府都失去了他的踪迹。据说，这位探险家在路上目睹了鲁瓦拉巴河（River Lualaba）上南威（Nyangwe）村几百人被屠杀的情景，传说是阿拉伯奴隶贩子所为。

▲ 很多雕像和纪念碑纪念了利文斯通不朽的非洲之旅，此为维多利亚瀑布附近的利文斯通雕像

利文斯通在旅途中丢了许多药品、牲畜，与同伴失去了联系。最后，《每日电讯报》（Daily Telegraph）和《纽约先驱报》（New York Herald）筹集资金，派新闻记者亨利·斯坦利到非洲寻找他的下落。1871年2月，利文斯通被困在刚果的邦巴拉（Bambarre）。他的同行者几乎都染病了，都得了肺炎和热带食肉性溃疡，他的身体状况也很不好。报道称他卧病在床，产生了幻觉，只有《圣经》能给他安慰。最后在10月，利文斯通在坦桑尼亚的乌吉吉（Ujiji）被找到，当时他一直在寻找尼罗河的源头。他和斯坦利短聚之后分开，带上新装备继续他的旅程。

尽管健康每况愈下，利文斯通仍忙于他的工作，拒绝离开非洲。这种坚决固执的态度最终导致他断送了自己的健康。1873年4月30日夜晚，他在北罗德西亚（North Rhodesia，现赞比亚）班韦乌卢湖泊（Lake Bangweulu）附近的奇坦博村（Chitambo's Village）去世，终年60岁。英国公众沉痛悼念他的逝去，并在威斯敏斯特教堂为他举办了一场盛大的葬礼，他被安葬在非洲探索协会（the Society of African Exploration）的创立者、探险家詹姆斯·雷奈尔（James Rennell）的旁边。

当奴隶贸易在非洲大陆猖獗的时候，利文斯通坚定地相信非洲人也有自己的尊严。虽然没有找到尼罗河的源头，但他的社会贡献在于

通过不断质疑欧洲商业化非洲的模式而引发人们的反思。经过 10 个月 1603 千米的长途跋涉，他的遗体被运回英国，人们发现他的手臂被狮子咬断了，这进一步证明了他在旅途中所经历的艰难考验。在尸体运离非洲之前，他的心脏被埋在村里的一棵姆蓬得（mpundu）树下。无论是精神上还是身体上，大卫·利文斯通的心都永远留在了非洲。

在他的家乡布兰太尔，大卫·利文斯通国家纪念馆他的墓碑上写着："他虔诚的双手，翻

他的儿子罗伯特在美国南北战争中为联邦一方而战，1864年12月5日阵亡。

过山地，跨过海洋。传教士、旅行家、慈善家大卫·利文斯通在这里长眠，1813年3月19日出生于布兰太尔，1873年5月死于奇坦博村。"

30 年来，他孜孜不倦地探索未被发现的秘密，努力废除惨绝人寰的中非奴隶贸易。他最后的遗言写道："也许，能让我的孤独灿烂生花的，就是上帝用神圣的祝福祝福了每一个人，祝福每一个帮助治愈这世界创痛的人——美国人、英国人或者土耳其人。"

关键时刻

1866—1871 年，请问你是利文斯通博士吧？
到 1866 年为止，这位经验丰富的探险家仍然热衷于寻找尼罗河的源头。旅行艰难重重，他丢失了动物、医药和搬运工，但是他继续勇敢前行。他走得很远，以至于同事、探险者亨利·斯坦利被派去找他。经过漫长的搜索，终于在 1871 年 10 月在坦噶尼喀湖（Lake Tanganyika）附近找到了利文斯通，他们相遇的时候，斯坦利说了那句名言。利文斯通重新补给，但是最终没有实现目标，糟糕的身体状况让他无法前行。

| 1856 | 1858 | 1864 | 1866 | 1873 |

1856 年，回到家乡
利文斯通的探险活动结束之后回国，成为国民英雄。他开始在英国进行巡回演讲，他撰写的《在南非的传教旅行和研究》一书成为畅销书。

1858 年，回到非洲
已经名声在外的探险家利文斯通开始了有记录以来最长的一次旅行，到东非和中非进行为期 5 年的探险任务。遗憾的是，他的妻子玛丽 4 年后死于疟疾。

1864 年，政府施压
在一场毫无回报的旅行之后，英国政府命令利文斯通回国。回国之后他开始撰写文章讲述有关奴隶贸易的恐怖情形，第一次面向公众出版了这些内容。

1866 年，最后一次旅行
利文斯通获得私人资助之后，再次启程前往非洲，这一次他要寻找尼罗河的源头，他也利用这次机会进一步探索奴隶贸易。

1873 年，最后的岁月
经过多年的探险，利文斯通饱受疾病困扰，于 1873 年 4 月 30 日夜去世。他被安葬在威斯敏斯特教堂，以供人们纪念，他是英国最伟大的探险家之一。

英属印度时期，两万名英国官员和军队就统治了约3亿印度人。

这幅1857年的《伦敦新闻画报》插图，描绘了军队在德里围困时冲进开司米门的情形

印度女皇

印度曾被称为英国"王冠上的明珠"，但是占领印度的历程却充满了愚昧、暴力和血腥

1897年6月22日，整个英国举行维多利亚女王登基60周年庆典。隆重的庆典一方面纪念维多利亚女王破纪录的统治时间，另一方面也展现了英国在全世界取得的辉煌成就。游行队伍中金色的马车闪闪发光，威严雄健的军队身着五颜六色的军服列队穿过。全国的民众蜂拥而至，来伦敦参加庆典活动，有一个国家在英国王室享有至高的荣耀，那就是印度。

印度军队在英国的军事力量中占比较大，印度利润丰厚的贸易给英国带来了巨大的财富。为了争夺这个繁荣富饶的国家的控制权，英国进行了残酷血腥的斗争，那种情形与眼前盛大的庆典截然不同。

一开始控制印度的不是英国。不是国王，不是政府，甚至都不是军队。印度是被一家私人贸易公司占领的。东印度公司从17世纪初的一家工厂开始，逐步扩展在印度的贸易点。随着财富的增长，它组建了一支由本土军人组成的私人军队。任何地方如有反叛活动，公司都会派兵镇压。随着越来越多新的军事力量的加入，这支军队变得越来越强大。到维多利亚登基时，东印度公司拥有的土地是不列颠群岛的10倍，人口是不列颠群岛的5倍。实际上东印度公司的男性就像国王一样，享受着被征服土地上的财富，甚至包括那里的妇女。许多英国男人娶了印度妻子或者拥有印度情妇。但是，1837年新开辟的运输路线改变了这一切。

前往印度的旅程漫长而又艰苦，但是就在那一年，一条贯穿埃及、沿着红海的快速轮船服务得以铺设。轮船服务旨在促进贸易交流，但是同时也吸引了两类新游客——英国女性和传教士。这些来客对印度的影响是巨大的。现在，英国女人有望和英国男人同行。印度人被降格为仆人，而不再是家庭成员。英国家庭住在特许欧洲人居住的区域内，一条海湾，将两个种族分隔两边。

另外，传教士对印度造成的伤害可能更大，他们手持《圣经》，心怀维多利亚时代的理想，决心将这片土地进一步基督教化。

随着新技术的发展，特别是铁路在印度全国范围内的修建，当地人感到传统的生活方式面临着被取缔的严重威胁。最早作为雇主的那些人，从当地的商品买卖中获益，变成了残忍冷漠的大

起义蔓延

印度士兵密鲁特起义
1857年5月
拒绝使用涂油子弹的密鲁特士兵被监禁后，他们的同胞团结起来反抗英国人。被囚士兵被释放，在随后的暴力冲击中，50个欧洲男性、妇女和儿童，以及50个印度平民被杀害。

勒克瑙之围（Siege of Lucknow）
1857年5月30日至11月27日
当城市爆发起义时，英国人设法守住了他们的居民区。虽然印度士兵的炮火给他们以重创，但英国人还是坚守住了这处大院，直到10月援军赶到，援军突破重围带领他们撤离了此地。

德里之围（Siege of Delhi）
1857年6月8日至9月21日
因为德里没有英国驻军，所以密鲁特起义军开始向德里进军，并与皇帝巴哈杜尔·沙二世（Bahadur Shah II）联合。联军在德里城北建立了基地。一时之间，起义军似乎占据了上风，但是英国人出其不意袭击了这座城市，并进行了疯狂的劫掠和杀戮。

坎普尔之围
1857年6月5日至25日
印度士兵围攻坎普尔欧洲防御工事，被围之人苦苦应对，所以当有人提供一条安全通道让他们撤离时，他们欣然接受了。但是，在撤离过程中发生了枪击事件，最后演变成一场对欧洲人的大屠杀。

老板，印度民众变得越来越愤怒。

　　起义的种子已经在印度很多最有权势的人的心中播下。关于英国在克里米亚战争中犯下致命错误甚至可能战败的谣言，慢慢进入印度人的群体中，印度媒体开始分发反对英国统治的秘密传单。关于英国在海外战败和俄国人向印度进军的言论，也人群中传播开来。

　　英国人还想一如此前展示自己高高在上的统治者身份，炫耀自己的财富和优越感，但实际上印度民众已经看穿了这一伎俩。东印度公司真正的实力不在于它的豪宅巨院，而在于它的大量印籍士兵。印籍士兵的数量是英军驻印部队的10倍，他们的忠诚是东印度公司军事力量的支柱。

　　革命的火种已经准备就绪，只需要一个火花就能点燃。这个火花出现了，源自一种新装配的枪弹。有传言说，东印度公司提供的新型步枪弹药涂有猪肉和牛油，这让拥有宗教信仰的士兵们感到愤怒。这完全印证了印度人担心的事情：他们的信仰和传统正在被有计划地消磨殆尽。

　　在密鲁特，有85名士兵拒绝使用这种子弹，他们被迫脱去制服，被投进监狱，并被判处10年苦役。对东印度公司官员们来说，拒绝命令基本等同于反叛，但是很遗憾，这种过激的处置正是印度王公们想要的。

　　就在第二天，大量印度士兵冲进监狱，释放了被俘的战友。

▲ 英国人在试图乘船逃离坎普尔的时候被屠杀

引起印度起义的原因是什么？

错误的弹药

东印度公司决定用恩菲尔德步枪取代多年来使用的滑膛枪，恩菲尔德步枪配备了油纸包裹的新子弹。要使用这样的步枪，射击者必须在装弹之前用嘴咬开油纸包拿出弹药。然而，据说用来保护弹药的油纸是用牛油和猪油浸润的。无论传言是否真实，这对印度士兵来说都是非常可怕的，许多人拒绝使用这些弹药，对英国人来说这就是反叛。

税收的增加

被人强迫增加税收永远不会受欢迎，而东印度公司在辖域内不断提高税收。对神庙和清真寺拥有的土地进行收税的政策，也非常不受欢迎。农民土地税负担很重，每次那些测量土地、计算税收的英国官员到来，都容易引发骚乱。随着骚乱的愈演愈烈，特别对农民来说，他们很想砸毁英国人的收税和收租办公室。

士兵的糟糕待遇

起初，东印度公司的官员很受印度士兵的欢迎。他们努力学习当地语言，娶印度女人，甚至和印度男人肩并肩作战。然而，当新的官员军阶升高，一切都发生了变化。英国和印度人之间形成了一道鸿沟，语言障碍、极为严厉的惩罚措施、军队里的高阶位置向印度人关闭，和同等军阶的人相比印度人工资更低。最初彼此忠诚的关系，现在实际上变成了主仆的关系。

基督教的传播

在印度人中有一个观点，英国政府的主要目标就是让他们改信基督教。起初，东印度公司几乎把精力都放在贸易上，但是19世纪一切发生了变化。越来越多的基督教传教士拥入这里。传教士认为，取缔萨蒂（"烧死寡妇"）这样的宗教习俗的努力是正义的，但是，当地持怀疑态度的民众认为，他们这样做代表了宗教不宽容。

土地吞并政策

"丧失权利论"是指土邦统治者死后无亲生或者"法定资格"继承人，领地由东印度公司接手管理。东印度公司无视养子继承权的传统，一个又一个土邦被他们兼并。占西女王（Rani of Jhansi）和那纳·萨希布就是丧失权利论的两个受害者，他们最终起来用自己的力量进行报复。

在遭受不公对待和起义之火的刺激下，他们冲进英军驻地，烧毁建筑，屠杀所有遇见的英国人，不分男女老幼。

东印度公司和英国都非常希望这只是一起孤立的反常事件，只是某个过于严苛的军官处理事件不当的结果。但是他们很快发现，就像一些人最初就知道的那样，这场"兵变"绝不是一起孤立的事件。1857年6月5日，在坎普尔，反叛的印度军队开始攻击他们的上级和任何忠于英国的人。他们放火烧毁欧洲人的营区，人们逃到一处破旧的军事防御工事里，迅速加强工事，以抵御不断逼近的印度军队。那纳·萨希布（Nana Sahib）是一位印度贵族，之前曾发誓会帮助英国人，现在却指挥起义军包围了英军军营，此时有1.2万~1.5万名印度士兵。

数量众多的印度起义军用大炮和步枪不断进攻英军设防的堡垒，但是城堡内的男人、女人和孩子们还是坚持了下来。不过，情况异常惨烈，食物和水迅速耗尽，疾病开始蔓延，有些妇女甚至在这种情况下分娩了。医院大楼被焚烧，所有的医疗用品都被烧毁。局势变得令人绝望。

6月25日，那纳·萨希布提出，如果英国人想和平离开，他们将提供阿拉哈巴德（Alahabad）安全通道，英国人别无选择，只能接受。撤离的船只在岸边停泊，6月27日清晨，英国人撤离堡垒准备上船。但是突然之间，不知为何爆发了疯狂和恐慌。一声枪响，印度船夫们跳船而逃，游到岸边。逃离的船只

▲ 东印度公司将英国民众撤离后，勒克瑙被废弃

被点燃，起义军开始进攻惊恐万状的英国人。他们屠杀男人、女人和孩子，鲜血染红了大海。有500多人丧生，100多人被抓，仅有为数不多的人成功逃脱。

英国得知这一消息后，派遣了3万名士兵赶赴救援，但是路途遥远，需要几个月的时间才能赶到。但是，印度其他地方的英军还有希望及时赶过来支援。那纳·萨希布得知英军赶来支援时，开始集结军队迎战。具有讽刺意味的是，正是这种引发了整个冲突的新型步枪拯救了英国人，因为射程够远，英军可以在远距离开枪射击起义军。剩下的印度人逃回城中，去报告相关的情况。

当时大约有180名英国妇女和儿童被关在一栋楼里，印度人决定在英军到达之前杀死他们。但是起义军并不愿意这样做。因为杀死武装人员

理所当然，杀掉哭泣求饶、手无寸铁的妇女和儿童如何下手？起义的印籍士兵们拒绝了，他们被辱骂为懦夫。没有一个士兵愿意做这样的事，于是屠夫被招募过来做这件事。屠夫们用砍刀屠杀了里面的妇孺。第二天，他们残缺不全的尸体被扔进了一口井中。有几个还活着藏在尸体下的人，也被扔进了井里。援军到达时已经太迟了。其中一个士兵看到这恐怖的情景，将其描述为"眼睛所能看到的最可怕的景象"。

大屠杀的消息传到英国后，其影响是毁灭性的。恐惧和愤怒的浪潮席卷了全国。维多利亚女王向她的人民灌输的是这样一种理念：妇女儿童，高于一切，必须珍惜，应予尊重。印度起义军屠杀妇女和儿童是对英国这一理念的践踏。大屠杀事件让维多利亚感到万分震惊，她写道："我的心在滴血，曾经温柔善待我们可怜妇

女和无辜孩童的印度人，竟然犯下如此恐怖的恶行……寝食难安，挥之不去。"

英国的增援部队终于抵达印度，但是那纳·萨希布失踪了，所以他们把愤怒发泄在了遇到的任何印籍士兵身上。被抓的起义军遭受了各种恐怖的惩罚，有的被绑在大炮上轰成碎片，有的被告之可以逃跑，但却在试图逃跑时被射杀。有一名英军指挥官就处决了大约6000个印度人。东印度公司对印度的掌控逐渐松动。

英军这些可怕的报复行为在英国本土并没有被视而不见。英国民众一再被告诫，英国是开明的、文明的国家，应该用道德教化野蛮之地，如今英军的所作所为都是不理智的。就连维多利亚女王本人，也因为英军对老人、妇女和孩子的暴行而深感愤怒。她认为英军士兵应当表现出适宜的态度，"这样下去，我们怎么能期望将来有人尊重我们呢？"她称他们的行为是"可耻的"，并恳求，"请原谅我们的罪过""让一切都恢复安宁"。

民众都同意她的观点。印度的局势已经完全

占西女王
她是印度的贞德，是起义的象征和殉道者

占西女王出生于1828年，原名拉克什米芭伊（Lakshmibai），父亲服务于马拉特佩什瓦（Maratha Peshwa）的比托奥尔宫廷（Bithur Court）。她被佩什瓦收养为女儿。拉克什米芭伊是一个头脑聪明、身体健壮的女孩，很小时便接受了骑马、射箭和击剑训练。1842年，她嫁给了年迈的占西王公（Maharaja of Jhansi）。1853年王公去世。英国东印度公司无视养子土地继承权，利用"丧失权利论"夺走了占西土邦，并命令拉克什米芭伊搬出她的王宫。

印度起义爆发初期，反抗英国统治的力量迅速集中在刚被兼并的城市占西。起初，拉克什米芭伊并不想反抗。然而，1857年，孟加拉地方步兵团（Bengal Native Infantry）屠杀了藏在占西城堡中的所有英国男人、女人和孩子，英国指责拉克什米芭伊并让其血债血还。拉克什米芭伊只能组织起占西的防御，安排食物供应，并建立了工厂制造弹药。

英国陆军少将休·罗斯爵士（Sir Hugh Rose）率领英军赶到占西时，发现占西城堡防御森严，他命令拉克什米芭伊投降，否则将摧毁整座城市。拉克什米芭伊回应道："我们为独立而战。我以克利须那神（Lord Krishna）发誓，如果我们胜利了，我们将享受胜利的果实，如果失败了，战死沙场，我们将获得永恒的荣耀和救赎。"经过几天的抵抗之后，这座堡垒遭到了英国人的袭击和劫掠。拉克什米芭伊骑着马，背着儿子，勉强逃过一劫。拉克什米芭伊将她的军队和其他起义军力量联合起来，打败了瓜廖尔王公（Maharaja of Gwalior）的军队，于是瓜廖尔王公迅速站队拉克什米芭伊一边。然而，罗斯爵士紧追不舍，6月17日突袭瓜廖尔，拉克什米芭伊在军队溃散的情况下，身穿军服继续骑马战斗。马匹被射杀后，她下马继续战斗，最后被枪击中死去。

占西女王的勇敢和牺牲不仅鼓舞了她的同胞，也赢得了敌人的钦佩。20世纪40年代印度进行独立运动，英国统治结束，占西女王被尊为独立运动的先驱。

▲ 占西女王义无反顾地参战对抗英军

失控。如果事态继续发展下去，英国不仅可能失去数千士兵的性命，还将永久失去对这个国家的控制。1858年，英国政府通过了《印度政府组织法》，解散了东印度公司，将印度的直接统治权转移给英国王室。

剥夺印度王公养子继承权的臭名昭著的"丧失权利论"也被取缔，被视为冒犯印度人宗教信仰的措施也被废除。维多利亚很渴望这一法案"散发出慷慨、仁慈和宗教情感的自由气息"。当这份宣言最终拟定后，她非常满意，并宣布"它是新时代的开端，为悲伤和流血的过去蒙上一层面纱"。

在接下来的30年里，印度经济快速增长，产生一系列科学技术的革新，最值得一提的是公路、铁路网及电报的发展。这些进步使加尔各答、马德拉斯（Madras）和孟买等地发展成为大城市。

英国继续统治着这片繁荣的土地，巩固了其在全球的地位。维多利亚本人一直对起义年代中出现的恐怖事件保持警惕，她渴望尽可能地保持与印度的关系和承诺。她创建了印度骑士勋章制度，以加强与忠诚的印度王子之间的联系，从那时起一直到她去世，她一直将印度属国控制于手中。维多利亚获得"印度女皇"的称号时，她的高大雕像被运至印度，配以最高的荣耀展示，到她去世时，印度已经成为英国最重要的殖民地，或者按维多利亚的说法，印度已经成为她"王冠上的明珠"。

印度起义中的重要人物

那纳·萨希布，1824—1857（失踪）

萨希布是一位流亡王公的养子。当被英国东印度公司剥夺了本可以由他继承的父亲的年金时，萨希布把矛头指向了英国，并领导了坎普尔起义。坎普尔被攻陷后，萨希布神秘失踪，他被誉为印度自由的旗手。

查尔斯·坎宁（Charles Canning），1812—1862

坎宁在起义期间担任印度总督，他冷静的态度让很多人认为他并不了解局势的严重性。然而，坎宁看到的是英属印度安然度过风暴，在惩罚起义者的时候有所节制，从而让两国更团结。坎宁因仁慈而获得"慈悲坎宁"的昵称（来自英国人的嘲弄）。

贝古姆·哈兹拉特·马哈尔（Begum Hazrat Mahal），1820—1879

马哈尔是阿瓦德（Awadh）土邦统治者的第一任妻子，1856年王国被吞并时她的丈夫被流放。她控制了这个土邦。起义爆发时，她带领一群支持者控制了勒克瑙。但是，勒克瑙被攻陷后她被迫退到了尼泊尔。

科林·坎贝尔，1792—1863

坎贝尔参加了包括克里米亚战争和第一次鸦片战争在内的几次战争，后被任命为印度总司令。他迅速解救和疏散了困在勒克瑙的英国人，在随后的第二次坎普尔战斗中，他击溃了起义军领袖塔特亚·托普（Tatya Tope）。

巴哈杜尔·沙二世，1775—1862

1837年，巴哈杜尔继承了父亲的王位，成为莫卧儿（Mughal）王朝最后一位皇帝，他统治时帝国疆域已经大大缩小。起义爆发时，他对宗教持中立态度，许多反叛者都视他为印度皇帝。后来他逃出英军控制，寻求避难，但是又被抓住和流放，其子嗣们也都被杀掉。

遗产

维多利亚的长期统治如何塑造了一个国家，
她的深远影响如何扩展到整个世界

维多利亚与一个
时代的终结

维多利亚在位63年后逝世，整个国家都陷入存亡的思考之中。
英国群龙无首，国家前途渺茫……

身穿黑色丧服的英国人聚在一起，等待着向为国为民尽心奉献了63年的女王做最后的道别，这位女王在位时间在英国君主中位列第二。可怕的寂静像裹尸布一样笼罩着人们，人们悲伤地低下头，有人因哀伤而颤抖，有人因寒冷而颤抖。唯一能听到的声音，就是马蹄声和海德公园炮车经过时鸣放的礼炮声。一看到女王的棺椁，仿佛有千万张嘴立刻屏住了呼吸。作家约翰·高尔斯华绥（John Galsworthy）描述道："人们发出喃喃的叹息声……下意识的、原始的，深沉而又粗犷的叹息声……女王去世了，地球上这座伟大的城市的空气都是灰蒙蒙的，为之含悲。"

女王的马车里有两位侍女，其中一位是立顿伯爵夫人（Dowager Countess of Lytton）伊迪丝（Edith），她被哀悼者的景象深深打动。她在给女儿的信中提到，"这是我经历的最身心动容的事。在我看来，60周年庆典也无法与之相提并论。一直以来最重要的不是豪华的仪式，而是一种强烈的忠诚和奉献的感情，这种感情似乎充满了那庞大而又单调的黑色人群中的每一个男人和每一个

> 维多利亚指示赖德医生将约翰·布朗的照片及阿尔伯特的一些物品随葬在自己的棺木里。

女人的心中"。自1852年威灵顿公爵去世以来，国家还没有举办过这样盛大的国葬，所以宫廷官员仔细检查了各项细节，安排送葬队伍时的礼仪及优先次序。

女王本人遗留下严格的指示，她表示想要一个"白色葬礼"，所以整个伦敦都覆盖着代表皇家颜色的紫色绉纱和白色的绸缎蝴蝶结。维多利亚一身白裙，戴着面纱，尽管生前的40年来她只穿黑色衣服，被称为"温莎寡妇"。棺木旁放着数不清的纪念品：阿尔伯特的晨袍和他手部的石膏模型、珠宝、照片，以及女王的好友、忠诚的仆人约翰·布朗的照片、他的一缕头发及他母亲的婚戒。这是一场具有军事风格的葬礼，8匹白马拉车，棺木上盖着白色和金色相间的罩布。马车穿过首都伦敦，在帕丁顿车站停留，为前往温莎的最后一站做准备。但是在温莎，通往女王最后安息之地的漫长旅程却步履蹒跚。等葬礼仪式再次开始时，拉车的马匹变得躁动不安。它们以后腿站立，踢打起来，再也无法拉车，所以皇家海军仪仗队迅速做出处置，将一根通信电缆临时变成挽具，车站执勤的水兵们拉起女王的葬礼马车。从那天起，在国葬仪式上，行进队伍中由皇家海军的水兵拉棺木成为一种传统。

葬礼仪式在温莎城堡的圣乔治教堂（St George's Chapel）举行，这不是一个公开的仪式，只有新国王爱德华七世、王后的家人和来自世界各地的王室成员参加。维多利亚有37个曾孙（孙女），他们与其他国家的君主联姻，为她赢得了"欧洲的祖母"的称号。

遗体停放两天之后，女王最终葬在温莎公园（Windsor Great Park）的弗洛莫尔皇家陵墓（Frogmore

▲ 加拿大多伦多庆祝女王登基60周年的宣传画

Mausoleum）阿尔伯特的身边。在漫长的寡居期间，她一直心存愿望和阿尔伯特重逢。阿尔伯特临终前安慰她说："不知道我们什么时候再见面，但是我们会认出彼此，永远在一起，这一点我毫不怀疑。"皇家陵墓的门上刻着维多利亚的话："再见，我最亲爱的人，我要在这里和你同眠，在基督的国度里与你同复活。"女王去世时享年81岁，是当时在位时间最长的君主。在她之前，这一荣誉属

> 维多利亚女王的曾孙（女）与欧洲君主联姻，维多利亚女王被称为"欧洲的祖母"。

▲ 维多利亚女王身穿礼服参加登基60周年大庆

于她的祖父乔治三世国王。十年的精神疾病迫使乔治三世退出公众生活，但维多利亚始终身体强健，公众对她的忠诚度也很高。在女王登基60周年庆典上，来自英国各地的臣民聚集在一起庆

车站执勤的水兵们拉起女王的葬礼马车。从那天起，在国葬仪式上由水兵拉棺椁成为一种传统。

祝，其中包括11位殖民地首相。当维多利亚在伦敦旅行时，有一种帝国奇观的感觉。她后来在日记中写道："我相信，从来没有人在走过这6英里时受到像我这样的热烈欢迎，群众的欢呼声震耳欲聋，每张脸都洋溢着真正的欢乐。"时光飞逝，女王去世的消息让整个伦敦都感到震惊和悲哀。当政府和女王的家人听说她生病的消息时，故意向公众隐瞒了一个多星期。这证明女王自登基以来产生了巨大的影响力。

女王一生漫长的统治，见证了英国成为日不落帝国的历程。民众认为维多利亚女王发挥了积

维多利亚女王的葬礼
1901 年 2 月 2 日

女王去世后安放在奥斯本楼的餐厅里以供瞻仰，空气中弥漫着百合花的香味。按照传统，遗体下葬前要将棺椁展示出来以供民众瞻仰，这样公众可以表达敬意和哀思。不过，女王要求不要公开瞻仰。8 天后，她的棺椁于 1901 年 2 月 1 日被送到皇家阿尔伯塔号游艇上。穿过索伦特海峡（the Solent）前往朴次茅斯，两边的战舰和巡逻舰轰鸣敬礼，南海公地（the Southsea Common）及沙滩上到处都是哀悼者。

第二天，棺木由火车运到维多利亚火车站，由马车承载开始穿越伦敦的游行。爱德华七世国王和德皇威廉二世走在队伍前面，成千上万的民众冒着严寒观礼。在帕丁顿火车站，棺木被运到温莎，这是其葬礼旅程的最后一站。下午到达温莎后，镇上挤满了人。在这里，水手们拉动棺椁车前往圣乔治礼拜堂的小山上。在不公开的仪式结束后，女王和她钟爱的丈夫阿尔伯特亲王葬在一起，这是他们最后的安息之地：弗洛莫尔皇家陵园。

▲ 不公开的仪式结束之后，女王和阿尔伯特亲王最终一起葬在他们的安息之地

维多利亚女王的一生

1819 年 5 月 24 日，未来女王诞生
亚历山德里娜·维多利亚出生在肯辛顿宫，她是肯特的爱德华公爵和萨克森 - 萨尔费尔德 - 科堡维多利亚公主的女儿。在接下来的 1 月父亲去世后，维多利亚成为王位继承人。

1838 年 6 月 28 日，加冕仪式
威廉四世国王死后一年，维多利亚公主成为女王。年仅 19 岁的女王在威斯敏斯特教堂加冕，40 万群众来到伦敦观礼。"上帝保佑女王"的呼声响彻天空。

1840 年 2 月 10 日，重大日子
当女王嫁给萨克森 - 科堡及哥达的阿尔伯特王子时，标志着在近 300 年之后，英格兰在位女王的第一次婚礼，这场仪式在圣詹姆斯王宫（St James's Palace）的皇家礼拜堂（The Chapel Royal）举行。

1840 年 11 月 21 日，第一个孩子出生
这对幸福的夫妇欢迎他们第一个孩子来到世上，她就是维多利亚·阿德莱德·玛丽·路易莎（Victoria Adelaide Mary Louisa，即众人所知的维琪）。她之后嫁给普鲁士的弗里德里克·威廉王子（Prince Frederik William），成为德国王后。

1851 年，世界工业博览会
阿尔伯特亲王是这次重大展会的主要策划者，他专门在伦敦建造了水晶宫，展现英国工业时代的巨大进步。展览会的收益将用来建造西伦敦（West London）南肯辛顿博物馆（the South Kensington）。

1857 年，授予亲王称号
这对王室夫妇迎来了他们的第九个孩子比阿特丽丝公主，同年阿尔伯特正式被授予亲王的头衔，被民众认可

极的作用。很多城镇、河流和城市都以她的名字命名，这体现了民众对自己女王的民族自豪感。维多利亚女王去世时，维多利亚时代也随她而去。《泰晤士报》写道："书写维多利亚女王的一生，就是讲述大不列颠重大事件发生的历史……前所未有的国家繁荣。"

因她的去世而悲伤不已的，不仅是女王的祖国。印度的加尔各答建立了维多利亚纪念医院（the Victoria Memorial Hospital），主要由英籍印度商人提供资金。在加拿大，人们陷入一片哀悼。多伦多的《邮政和帝国报》（The Mail and Empire newspapers）写道："个人对女王的情感，比任何公开的仪式表达的哀痛都更让人感动。任何仪式都无法表达人们心中对女王的怀念，想念她已经成为日常生活的一部分。"加拿大降半旗，商店橱窗都披上了黑纱。

1867年7月1日，加拿大成为一个统一的联邦国家之后，维多利亚被称为"联邦之母"（the Mother of Confederation）。女王对联邦的主要缔造者之一查尔斯·塔珀勋爵（Sir Charles Tupper）说道："我相信，这将使联邦各省变得更强大更繁荣。"加拿大社区的主要道路都以她的名字命名，女王的生日成为全国性节日。1901年开始为众人所知的维多利亚日，到今天依然在为纪念女王而庆祝。加拿大第十三任首相约翰·迪芬贝克（John Diefenbaker）回忆女王去世的那一天，"维多利亚女王去世了，我父亲认为那是有史以来最让人伤心的事情。这个世界还会一样吗？现在我理解他了。当他回到家告诉我们这个消息的时候，他崩溃大哭"。

世界的另一边，澳大利亚也在哭泣。和英国一样，澳大利亚也经历了人口增长、财富增加的过程，所以维多利亚深受民众的爱戴。1900年7月9日，女王宣布澳大利亚联邦共和国将于1901年1月1日成立，澳大利亚的各殖民地获得统一。庆祝会之后不久，在声望如日中天的时候维多利亚去世了。第二天出版的澳大利亚报纸《先驱报》（Herald）这样报道："纵横整个文明世

阿尔伯特王子是女王的表兄。两人初见是在女王17岁的生日宴上，第二次见面女王便向他提婚了。

1861年12月14日，阿尔伯特亲王去世
年仅42岁的阿尔伯特亲王死于伤寒症。女王在日记中书写了她极度的绝望心情。9天后阿尔伯特亲王下葬，女王悲痛欲绝，无法参加婚礼。正常的哀悼期是12个月，但是维多利亚的悲伤持续了许多年，无法走出。

1863年10月13日，第一次在公众面前亮相
女王在丈夫死后放弃了对公众的责任。直到1863年，她才再次出现在公众面前，当时是在阿伯丁为阿尔伯特的雕像揭幕。

1866年，新的友谊
19世纪60年代中期，维多利亚与来自苏格兰的臣下约翰·布朗建立了亲密的友谊。约翰·布朗性情粗犷，酷爱喝酒，与女王的相处方式出奇地随意。甚至有人听说他将女王称为"女人"。

1877年，印度女皇
东印度公司的灾难性举动引发印度起义后，英国控制了印度。首相迪斯雷利很快为他钟爱的女王赢得了"印度女皇"的头衔。

1887年，登基50周年庆
50周年庆的时候，女王在阿尔伯特亲王的安息地弗洛莫尔的树下享用了一顿安静的早餐。然后来到伦敦参加王室宴会，第二天在全城举行游行庆典。

1897年，60周年大庆
女王太过虚弱，无法走上台阶，人们在圣保罗教堂外举行了感恩仪式来庆祝女王登基60周年。街道上挤满了人，维多利亚在日记中写道，"我深受感动"。

1901年1月22日，维多利亚去世
女王在怀特岛的奥斯本宅邸去世，时年81岁，在位已近64年。逝世时身边陪伴她的是她的孩子及孙子孙女。

对于许多人来说，维多利亚的逝去标志着大英帝国的衰落。英国全境的民众都在以自己的方式纪念她。

界，与逝去的女王素未谋面的几百万人，都尊重她，都在纪念她。"澳大利亚新闻中提到，"她一生经历的每个阶段，都充满吸引力，无论是童贞女王，还是快乐的妻子、母亲或者伤心欲绝的寡妇，维多利亚女王在我们心中都是一位伟大的女王，一个高贵的女人"。整个19世纪，澳大利亚的两个殖民地维多利亚州和昆士兰州，就是以维多利亚女王的名字命名的，即使独立后也一直保留着原名。

在维多利亚去世后的50多年间，各处的人们都举办庆典仪式。据新西兰《奥马鲁报》（Oamaru Mail）报道，庆典这一天被称为帝国纪念日（Empire Day），他们在第一次庆祝会的前夕报道，纪念日庆典"具有双重意义，一是要铭记这段历史上最伟大的统治时期，二是继续前行巩固我们伟大的帝国"。学校里孩子们会唱《耶路撒冷》（Jerusalem）和《天佑女王》（God Save The Queen）之类的歌，听整个英国的勇敢战士和先锋人物的故事，早早离开学校加入庆祝游行的队伍，跳五月花柱舞，参加聚会。1922年新西兰一所学校的校刊上有一首诗总结了节日的盛况，"我们的联合旗帜，在帝国的纪念日，骄傲地迎风飘扬；不光在这里，在那遥远的地方，在海的

阿尔伯特亲王去世后，维多利亚女王伤心过度，无视自己的职责，公众对她的喜爱度大打折扣，但是1887年，她又重回民众视野。

那一边；无论英国的孩子住在哪里，无论英国人住在哪里，帝国纪念日这一天，我们的旗帜都将飘扬，我们是自由的英国人……"在澳大利亚，这些节日常被称作烟花之夜，人们会点篝火、放鞭炮庆祝。

然而，20世纪50年代帝国开始衰落，各国开始注重自己的身份认同，帝国纪念日不再受人们追捧，后来改名为联邦纪念日（Commonwealth Day），日期从原来的5月24日改到每年3月的第二个星期一。

1910年，爱德华七世去世，全欧洲的王室都来参加他的葬礼。9位在位的欧洲君主聚在白金汉宫，身着戎装，蓄着浓密的胡须，对其中任何一位来说，血缘关系都胜过炮弹。但是，这一幻想很快就被击得粉碎。1914年，3位在位的表兄弟发动了战争，即大不列颠的国王乔治五世、俄国沙皇尼古拉斯二世、德国皇帝发生了冲突，冲突的结果是9位在任国王剩下了4位。

德皇在签署文件、批准调动德国武装军事力量的时候沉痛地说："想想乔治和尼基（沙皇）竟然欺骗我，如果我外祖母还活着，她永远不会允许这样的事情发生。"

▲ 维多利亚女王的葬礼中，骑着白马的德皇威廉二世

德国皇帝威廉

一个和自己斗争的人

维多利亚女王的大女儿维琪的儿子德国皇帝威廉二世，本应是加强英德两国关系的继承人。但恰恰相反，后者与这两个国家形成了爱恨交织的关系，以致最后他对英国宣战。

威廉出生时难产，导致左臂瘫痪，先天发育不足，维琪公主决定治好他。他每天要把胳膊伸进刚刚杀死的兔子里，还要接受电疗法治疗，他的童年备受折磨。长到16岁的时候，他对母亲产生了一种扭曲的爱。未公开的信件中揭露了威廉对母亲充满疯狂的幻想，有历史学家认为这是他极度渴求获得认可。母亲的回应是与其

探讨政治和音乐，闭口不谈他的疯狂幻想。他没有回复。他们的母子关系结束了，威廉对自己的英国出身充满愤恨。

当威廉二世开始扩张德国海军时，英国不免担心起来。作为和平的表示，他接受了《每日电讯报》的采访，但当他无意中说出"你们英国人很疯狂，疯狂，疯狂，像3月的兔子一样疯狂"的时候，情况变得更糟糕。

"一战"之后，威廉二世被迫于1918年11月9日退位，带着他的家人逃离祖国，在荷兰安享晚年。

爱德华七世
威尔士花花王子

维多利亚女王和阿尔伯特亲王的长子，家人都称他为伯蒂（Bertie）。他以让人失望而闻名。他在家庭教养方面表现糟糕，沉溺于酒池肉林，耽于女色，从而赢得了花花王子的名声。维多利亚曾经这样评论他，"在我看来，他长得并不英俊，他的头小得可怜，而且很窄。五官硕大，却没有下巴"。

阿尔伯特亲王雨中步行前往剑桥看望儿子，那时他们的关系已经变得很僵。阿尔伯特亲王回来后病倒在床，3周后去世，很可能是害了伤寒症。爱德华的母亲维多利亚永远无法原谅他，责备儿子说是因为他导致了她挚爱的亲王离世。她写道："我每次看到他都气得浑身发抖。"因此，当爱德华七世成为国王时，他没有从母亲那里获得一点点的治国智慧和心理建设。

尽管爱德华七世在"一战"爆发前也通过扩张皇家海军与德国进行军备竞争，但是他在位期间被认为是和平与繁荣的时代，对上层阶级而言尤为如此。

> "在我看来，他长得并不英俊，他的头小得可怜，而且很窄。"

狄更斯对睡眠抱有迷
信般的思想，他认为
面朝北睡有助于提高写
作水平。

— 查尔斯·狄更斯 —

时代的代言

查尔斯·狄更斯是一名作家、社会评论家、剧作家，
我们对维多利亚时代的许多看法都源于狄更斯的小说

《雾都孤儿》《尼古拉斯·尼克尔贝》《远大前程》《大卫·科波菲尔》《圣诞欢歌》，狄更斯这些耳熟能详的作品，对文学及大众文化产生了重大的影响，并且这些影响延续至今。通过这些作品，我们得以了解查尔斯·狄更斯本人的生活。他的名字流传至今不单是因为他的小说经久不衰，他作品中包含的社会评论也展现了维多利亚时代一些最具启发意义的观念，这个时代最终定义了我们今天很多的生活方式。

查尔斯于1812年2月7日出生在普茨茅斯，早年的生活相对安逸。父亲约翰供职于海军薪酬办事处（Navy Pay Office），这份工作能为家庭提供一个相对舒适的生活方式。然而，好景不长，之后的几年，约翰积欠了大量外债，最终因负债过多，于1824年被羁押在萨瑟克区（Southwark）马歇尔西（Marshalsea）债务人监狱。作为家中的长子，查尔斯被迫辍学，找了一份五金店的工作，给陶罐贴标签。拥挤、不舒适的工作条件，给小查尔斯带来了持久的影响，他为生活的不公感到难过。几个月之后，父亲的问题解决了，他离开了五金店，但是他永远不会忘记这段生活，伦敦穷人面临的处境成为他作品中反复出现的主题。

查尔斯以文学界名人的名字给他的一些孩子命名，比如阿尔弗雷德·丁尼生、亨利·菲尔丁和爱德华·布尔沃·利顿。

227

▲《圣诞欢歌》是第一部以节日为主题的故事，直到今天这部作品依然是最受欢迎的小说之一

查尔斯完成学业后，曾短暂地在一家律师事务所做过初级职员（在此期间，他活泼的性格和对伦敦的广泛了解给人留下了深刻的印象，这些都体现在他后来的作品中）之后转而在法庭上做自由记者。后来他又以这些经历为原型，创作了《荒凉之屋》（*Bleak House*）这类的作品，表达了他对官僚阶层工作效率低下的厌恶。大约在这一时期，传说中他爱情生活的第一个挫折出现了，当时他追求一位年轻银行家的女儿玛莉亚·彼得内尔（Maria Beadnell），遭到其家人的拒绝，理由是他的前途发展渺茫。

然而，他的运气即将改变。在短暂涉足戏剧表演之后，他转向了写作，这是一个他即将尽享无限成功的职业领域。1836年4月，他在各种刊物上发表了一些短篇小说和随笔［以家人的绰号"泊兹"（Boz）进行写作］，后来被称为《匹克威克外传》的小说的

第一章出版了。作品获得成功，初出茅庐的查尔斯声誉大增。除撰写《匹克威克外传》之外，他还成为《班特利杂志》（*Bentley's Miscellany*）的编辑，在此期间创作了大量的戏剧。

查尔斯采用了连载的形式，即故事在报纸或杂志上一次发表几章，而不是一次性全部发表在一卷书中。在随后的几年里，他以这种方式出版了许多小说，《雾都孤儿》（1837—1839）、《尼古拉斯·尼克尔贝》（1838—1839）、《老古玩店》（1840—1841）、《巴纳比·拉奇》（*Barnaby Rudge*，1841），这些作品都使得他声名鹊起。1837年10月《季度评论》（*Quarterly Review*）这样评价他，"这位作家的受欢迎程度是近代最引人注目的文学现象之一"。然而，这一时期最大的变化是他与凯瑟琳·贺加斯（Catherine Hogarth）的婚姻，她是一位编辑同事的女儿，两人育有10个孩子。

《牛津英语词典》统计，狄更斯创造了247个新词或新用法。

因为声誉日隆，1842年查尔斯受邀开始美国之行。不过，在他发表了一系列抗议版权法的演讲后（这是对他和其他人的作品在美国报纸上被盗版的回应，最终他向国会提交了一份签名请愿书），最初的热情接待变成了敌意。他以同样的方法回应，"我在这里受到的待遇……我一生都没感到过如此的震惊和厌恶"。他的游美经历都记录在他的散文集《美国札记》（*American Notes*）中，也影响了他的下一部小说《马丁·朱述尔维特》（*Martin Chuzzlewit*）的主题。这两部作品都没有像此前的作品那样受到赞誉，1843年他发表新小说《圣诞欢歌》后声誉又得到恢复。以往的作品多充满社会评论，这一次完全不同，查尔斯的成功展示出他的多才多艺。他将在传统的作品之外，继续开拓新道路，撰写更多关于圣诞节的故事以及警世之作《双城记》。

正是在这段时间里，相对其他事业来说，查尔斯的写作退居次要位置。他曾在意大利和瑞士生活过一段时间，甚至还投身过慈善事业。1846年，他在牧羊人布什（Shepherds Bush）建立了乌拉尼亚小屋，为堕落风尘的妇女提供住处。同时，他还继续写作，《董贝父子》（*Dombey and Son*，1848）和《大卫·科波菲尔德》（1850，他说过，"在我所有的作品中，我最喜欢这本"）这两部作品都在这段时间发表。

随家人搬到伦敦的塔维斯托克寓所（Tavistock House）后，查尔斯的小说作品不断增加，《荒凉之屋》（1853）、《艰难时世》（1854）、《小杜丽》（1857）这一类作品开始面世。至此，他已经成为《家常话》（*Household Words*）周刊的联合所有人兼编辑，积累了足够的财富，买下了肯特的罗切斯特市（Rochester）附近的盖茨山庄（Gad's Hill Place），这是他一直梦寐以求的房子。除已经承担的广泛职责之外，他还潜心钻研业余

戏剧演出，这将对他日后的生活产生重大影响。

1857年，查尔斯在创作戏剧《冰冻三尺》（*The Frozen Deep*）的时候，爱上了戏剧的女主演艾伦·特南[Ellen Ternan，又名奈莉（Nelly）]，她年仅18岁，比查尔斯年轻27岁，二人的恋情持续了13年。他与凯瑟琳在1858年分居。查尔斯这一时期存留下来的信件没有提到他与艾伦的关系，直到他去世后，他们的恋情细节才为大家所知。

随后，他的写作继续让位于他的其他追求，包括他在1858年就开始从事的系列慈善演讲之旅。因为他对戏剧的热爱，他能够将其与书面作品结合起来，将作品中一些戏剧性的场景表演出来（最值得一提的就是《雾都孤儿》中比尔赛克斯杀死南希的情景）。查尔斯进行了总计471场的戏剧演出，包括伦敦之行和美国之行（原计划还有澳大利亚之行，最后取消）。虽然他这一时期作品的数量大大减少，但他依然挤出时间创作了《双城记》（1859）、《远大前程》（1861）和《我们彼此的朋友》（1865）。

事实上，上述三部小说中最后一部，就是他最后一部完整的小说。从艰难的美国之旅回来后，他的身体变得越来越虚弱，病情越来越糟糕，最终在1869年4月于普莱斯顿演讲时昏倒。

▲《狄更斯的梦》以现实生活为背景，生动地展现了作家的梦境

接下来的旅行取消，他开始创作《埃德温·德鲁德之谜》（*The Mystery of Edwin Drood*，部分灵感来自他在19世纪60年代参观鸦片馆的经历），但这部小说没有最终完成。从1870年1月到3月，他进行了数次替代朗读，他最后一次公开露面是在5月出席皇家学院宴会（the Royal Academy Banquet），威尔士王子与王妃都出席了宴会。

1870年6月8日，他在家中中风，之后再也没有恢复意识，第二天去世，时年58岁。他被葬在威斯敏斯特教堂的"诗人角"——就在乔弗里·乔叟和威廉·莎士比亚的旁边。

今天，查尔斯·狄更斯的遗产依然在发挥影响。他的作品从未停止印刷出版，也被反复改编成舞台剧、电影和电视作品。10英镑的钞票上是他的面孔。在大众文化中，他的生命一直充满生机勃勃。英国广播公司2002年民意测评的100位最伟大的英国人中，查尔斯位列第41位，他的5部作品（《远大前程》、《大卫·科波菲尔德》、《圣诞欢歌》、《双城记》和《荒凉之屋》）入选2003年"重要读物"前100名。

▲ 12岁的狄更斯不得不外出工作，他感到绝望和痛苦

关键时刻

1843 年 12 月 19 日，《圣诞欢歌》出版

狄更斯以出版连载小说而闻名，但是《圣诞颂歌》标志着他首次开始尝试中篇小说的写作形式。事实上，这本书获得了评论界的一致好评，是狄更斯写的一系列圣诞故事中的第一部（也是迄今为止最成功的一部）。这个故事很大程度上来自狄更斯对父亲的回忆，吝啬鬼埃比尼泽·斯克鲁奇（Ebeneezer Scrooge）的好与坏的一面，恰好刻画了他对父亲同样矛盾的记忆，同时也表现了他对英国穷人处境的切身体验。

时间轴

1812 年 2 月 7 日，查尔斯·狄更斯出生

查尔斯·约翰·赫法姆·狄更斯（Charles John Huffam Dickens），出生于朴次茅斯兰波特（Landport）的麦尔恩德 1 号（1 Mile End Terrace）。他是约翰·狄更斯和伊丽莎白·狄更斯的次子，现在认为他的出生地为商业街（Commercial Road）393 号。

1824 年 2 月 20 日，父亲被捕

约翰被羁押在马歇尔西债务人监狱。他的妻子和最年幼的孩子和他同住。查尔斯和家庭的一个朋友住在一起，被迫辍学，在五金店工作。

1827 年 3 月，离开学校

父亲被释放之后，查尔斯前往卡姆登城（Camden Town）的惠灵顿学院（Wellington House Academy）求学，为期两年。他对这座学校持批判的态度，这座学校就是《大卫·科波菲尔德》中克里克先生（Mr Creakle）的寄宿学校的原型。

1836 年 4 月，撰写《匹克威克外传》

狄更斯的第一部小说《匹克威克外传》前两章出版。小说一经出版便获得了评论界的一致好评，这让他成为名人。

1836 年 4 月 2 日，迎娶凯瑟琳

订婚一年之后，狄更斯迎娶报纸编辑的女儿凯瑟琳·汤普森·贺加斯。他们养育了 10 个孩子。

埃德温·德鲁德之谜

在狄更斯的所有小说中，可以说，这部未完成的大部头《埃德温·德鲁德之谜》引起了最多的猜想，最富神秘感。本书原计划出版12章，到他去世之前只完成了6章（1870年4月至9月），真正的结局无人知晓。该书发行的前几卷反响良好，共售出5万册。狄更斯本人宣称，"这部作品远超之前的任何一部作品"。

故事发生的背景和肯特的罗切斯特市很像（他绝大多数小说都以伦敦为背景），讲述了吸食鸦片成瘾的约翰·贾斯珀（John Jasper）的故事，他是埃德温·德鲁德的叔叔，疯狂地爱上了德鲁德的未婚妻罗莎·巴德（Rosa Bud）。在最后发表的一卷中，德鲁德这个人物消失了，最后的结局无人知晓。

狄更斯的朋友兼传记作者约翰·福斯特（John Forster）后来称，狄更斯曾在一封信中向他透露，实际上贾斯珀谋杀了德鲁德。这一说法得到了狄更斯儿子查尔斯的支持。后来，许多作家私下里都续写过故事的结局，不过，正如许多精彩绝伦的悬疑小说一样，我们永远无法找到问题的答案。

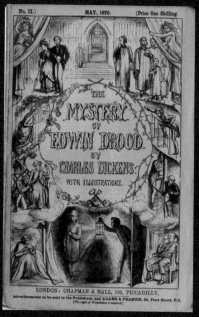

▲ 狄更斯的最后一部作品在他去世前未能完成，引发了人们对这部作品结局的诸多猜想

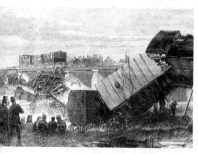

▲ 斯特普尔赫斯特铁路灾难发生后，狄更斯待在现场帮助照顾伤者

关键时刻

1865年6月9日，斯特普尔赫斯特（Staplehurst）铁路灾难

在和艾伦·特南从巴黎旅行回来途中，他乘坐的火车在路过肯特的贝尔特河（the River Beult）上的高架桥时脱轨。事故造成10人死亡，40人受伤。狄更斯和特南没有受伤，他们的车厢还在铁轨上。狄更斯从窗户爬出来之后，待在现场照顾伤者。狄更斯带着一瓶白兰地和此前用来取水的帽子，又回到车厢，就为了取回《我们彼此的朋友》未完成的手稿，他甚至还将车厢里的伤者送到查令十字医院（Charing Cross Hospital）。

| 1856 | 1857 | 1858 | 1865 | 1870 |

1856年3月，购买盖茨山庄

狄更斯从小就渴望拥有这座房子（部分原因是它在莎士比亚的作品《亨利四世》中出现过），最终他在肯特的海厄姆（Higham）购买了这座房子，将其作为自己的乡间别墅。

1857年，与艾伦·特南的恋情

狄更斯在创作一部戏剧的时候，遇到了女演员艾伦·特南，并爱上了她，他迅速与凯瑟琳分居。因为二人毁掉了写给对方的信件，所以他们之间关系的实际情况还不为人知。

1858年，开始读书旅行

除写作之外，狄更斯还周游英国和美国，朗读作品的节选。这能让他展示自己对戏剧创作的喜爱，他的巡回演讲备受欢迎。

1865年，创作《我们彼此的朋友》

他最后一部完成的作品《我们彼此的朋友》是他最复杂的故事之一，里面囊括众多的人物角色和多条线索。

1870年6月9日去世

他在前一天中风，第二天去世，死后安葬在威斯敏斯特教堂"诗人角"。

图片所属